Constituição histórica da educação no Brasil

Nadia Gaiofatto Gonçalves

O selo DIALÓGICA da
Editora InterSaberes faz referência
às publicações que privilegiam
uma linguagem na qual o autor dialoga
com o leitor por meio de recursos textuais
e visuais, o que torna o conteúdo muito
mais dinâmico. São livros que criam
um ambiente de interação com o leitor –
seu universo cultural, social e de elaboração
de conhecimentos –, possibilitando
um real processo de interlocução para
que a comunicação se efetive.

SÉRIE FUNDAMENTOS DA EDUCAÇÃO DIALÓGICA

EDITORA
intersaberes

Constituição histórica da educação no Brasil

Nadia Gaiofatto Gonçalves

EDITORA intersaberes

Rua Clara Vendramin, 58 – Mossunguê
CEP 81200-170 – Curitiba – PR – Brasil
Fone: (41) 2106-4170
www.intersaberes.com
editora@editoraintersaberes.com.br

Conselho editorial	Dr. Ivo José Both (presidente) Drª Elena Godoy Dr. Nelson Luís Dias Dr. Neri dos Santos Dr. Ulf Gregor Baranow
Editora-chefe	Lindsay Azambuja
Supervisora editorial	Ariadne Nunes Wenger
Analista editorial	Ariel Martins
Análise de informação	André Pinheiro Karina Quadrado Wlader Bogarin
Revisão	Filippo Mandarino
Capa	Denis Kaio Tanaami
Ilustração de capa	Znort! Ilustradores
Projeto gráfico	Frederico Santos Burlamaqui
Iconografia	Danielle Scholtz

Dados Internacionais de Catalogação na Publicação (CIP)
(Câmara Brasileira do Livro, SP, Brasil)

Gonçalves, Nadia Gaiofatto
  Constituição histórica da educação no Brasil / Nadia Gaiofatto Gonçalves. – Curitiba: InterSaberes, 2012. – (Série Fundamentos da Educação).

Bibliografia.
ISBN 978-85-8212-127-6

1. Educação – Brasil – História I. Título II. Série.

12-07949   CDD-370.981

Índices para catálogo sistemático:
1. Brasil: Educação: História   370.981
Foi feito o depósito legal.

Informamos que é de inteira responsabilidade da autora a emissão de conceitos.

Nenhuma parte desta publicação poderá ser reproduzida por qualquer meio ou forma sem a prévia autorização da Editora InterSaberes.

A violação dos direitos autorais é crime estabelecido na Lei nº 9.610/1998 e punido pelo art. 184 do Código Penal.

1ª edição, 2012.

Sumário

Apresentação, 7
Organização didático-pedagógica, 9

1 História, historiografia e história da educação: relações e contribuições, 13
1.1 História e a Nova História, 16 | 1.2 Problemas e fontes de pesquisa, 22 |
1.3 Referenciais, noções e conceitos, 30 | 1.4 História da educação: abordagem neste livro , 39

2 Educação e escolarização no Brasil Colônia: caminhos e desafios iniciais, 49
2.1 Contexto ocidental, educação e escolarização: da Idade Média ao Renascimento, 52 | 2.2 A ação jesuítica no Brasil no século XVI, 61 |
2.3 Contexto, educação e escolarização na Europa (séculos XVII e XVIII), 68 |
2.4 A ação jesuítica no Brasil nos séculos XVII e XVIII, 73 | 2.5 Reformas pombalinas e escolarização no Brasil, 75 | 2.6 Chegada da família real: política, cultura e instrução no Brasil, 79

3 Brasil imperial e Primeira República: princípios de institucionalização do ensino público, 89
3.1 Contexto europeu no século XIX: ideais pedagógicos e escolarização, 92 |
3.2 O Período Imperial (1822-1889) e a instrução no Brasil, 95 | 3.3 Primeira República (1889-1930): política, economia e sociedade, 106

4 Escolarização no século XX: institucionalização de sistemas de ensino no Brasil, 123

4.1 Contexto brasileiro em governos populistas: do Estado Getulista (1930-1945) ao Período Democrático (1945-1964), 126 | 4.2 Contexto brasileiro na Ditadura Civil-Militar (1964-1984), 142 | 4.3 Contexto brasileiro no final do século XX e início do XXI, 149

Considerações finais, 171

Referências, 173

Bibliografia comentada, 181

Respostas, 183

Sobre a autora, 185

Apresentação

*A ignorância do passado não se limita a
prejudicar o conhecimento do presente:
compromete, no presente, a própria ação.*
Marc Bloch

A realidade educacional brasileira é bastante complexa, com inúmeros desafios e problemas que se inter-relacionam com o panorama político, econômico e social do país. Esse quadro tem sua origem em um processo que não é novo, e que não pode ser dissociado de um contexto mais amplo: o histórico. Neste livro, abordaremos temas que visam a ajudá-lo(a) a melhor compreender esse processo e o campo educacional brasileiro atual.

Para um aproveitamento mais satisfatório deste livro, recomendamos algumas medidas: procure desenvolver o hábito de anotar suas reflexões, percepções e dúvidas – mesmo aquelas que pareçam ser simples –; isso facilita a pesquisa posterior para esclarecimento. É importante também que você leia os textos básicos e complementares sugeridos.

A fim de atender ao seu objetivo, este livro foi organizado de forma cronológica, da seguinte maneira: no capítulo 1, abordaremos as relações entre história e história da educação no Brasil, contemplando, por exemplo, fontes, problemas e conceitos; no capítulo 2, iniciamos uma abordagem cronológica, que contempla desde o século XVI, no Ocidente medieval europeu, até o período colonial brasileiro, relacionando o contexto histórico às ações educativas; no capítulo 3, com a mesma perspectiva, o Brasil imperial e a Primeira República são o contexto que apresentamos, juntamente com os desafios e as políticas relativas à educação; finalmente, no capítulo 4, o século XX e brevemente o início do XXI constituem o panorama analisado, bem como a institucionalização, de fato, de um sistema de ensino no Brasil.

Em síntese, neste livro visamos oferecer subsídios para que você desenvolva uma reflexão crítica a respeito da educação brasileira em sua constituição histórica e, sempre que possível, problematizando sua realidade local. Porém, dada a extensão do tema, as múltiplas possibilidades de abordagem e a grande e relevante quantidade de pesquisas e estudos desenvolvidos hoje no Brasil sobre história da educação, fica evidente que este é um texto introdutório, sem a pretensão de esgotar o assunto nem de conseguir apresentar toda a complexidade das muitas dimensões que envolvem a educação no Brasil em sua construção ao longo do tempo.

Assim, ressaltamos que neste texto didático o propósito é servir como roteiro básico para a condução dos estudos sobre o tema, e as sugestões culturais e bibliografias mencionadas ou recomendadas – muitas disponibilizadas na internet – são fundamentais para o aprofundamento da compreensão dos temas.

Não esqueça: todo este processo será tão mais proveitoso quanto maior for seu empenho, comprometimento e preparo para e durante as aulas, leituras e atividades, além de pensar, refletir criticamente e questionar o que leu e ouviu.

Bons estudos!

Organização didático-pedagógica

Seja como ciência que se debruça sobre os conjuntos de métodos elencados e utilizados para a educação dos indivíduos, seja como designação da área de atuação dos profissionais de ensino, a pedagogia caracteriza-se atualmente como um dos domínios do conhecimento mais explorados e, consequentemente, mais evidenciados. A presente obra, harmonizada com a urgente necessidade de discussões a respeito de temas delicados relacionados à área da pedagogia, investe seus esforços no debate referente à educação inclusiva, em todos os seus percalços, desafios e contradições. Para que você, leitor deste livro, possa usufruí-lo em todas as suas potencialidades, de forma dialógica e efetiva, apresentamos a seção destinada à organização didático-pedagógica da obra, no intuito de demonstrar todos os recursos de que esta dispõe.

• Iniciando o diálogo

Logo na abertura do capítulo, você é informado a respeito dos conteúdos que nele serão abordados, bem como dos objetivos que a autora pretende alcançar.

Iniciando o diálogo

Neste primeiro capítulo, os objetivos são apresentar e discutir relações existentes entre a história, a historiografia e a história da educação, bem como explicitar contribuições desse diálogo e produção de conhecimento para a compreensão da educação no Brasil atual. O termo *educação* tem sentido mais amplo que *escolarização*, já que é possível ocorrer um processo educativo sem haver escolarização. Mas, em geral, quando se utiliza a

Síntese

Neste capítulo apresentamos o panorama educacional no Brasil Colônia, nos séculos XVI a XVIII e início do XIX, ressaltando as iniciativas e práticas jesuíticas, o contexto mais amplo e debates ocorridos na Europa desse mesmo período, em especial em relação à educação e à escolarização, e algumas mudanças a partir da vinda da família real portuguesa ao Brasil.

Indicações culturais

Filme
AUSTRÁLIA. Direção: Baz Luhrmann. Produção: G. Mac Brown, Catherine Knapman e Baz Luhrmann. EUA: 20th Century Fox Film Corporation, 2008. 165 min.

Embora essa história se passe durante a 2ª Guerra Mundial, sugere-se observar como ainda no século XX existiram relações e domínio coloniais: a compreensão sobre religião e civilização e as ações missionárias. Nesse caso, é possível traçar algumas semelhanças – e diferenças, relativas ao contexto distinto – com a ação colonizadora e jesuítica no Brasil Colônia.

Sites
JESUÍTAS Brasil Nordeste. Disponível em: <http://www.jesuitas.org.br>. Acesso em: 1º jan. 2010.

O site disponibiliza informações sobre a Companhia de Jesus e a ação jesuítica, pela própria instituição, que existe e atua ainda hoje no Brasil.

• Síntese

Cada capítulo da presente obra conta com um sumário dos conteúdos abordados, no intuito de demonstrar resumidamente a linha de raciocínio da autora e de facilitar a pesquisa de itens mais pontuais do texto.

- Indicações culturais

Com o objetivo de enriquecer os temas analisados e de sugerir fontes de pesquisas complementares, cada item da obra inclui sugestões da própria autora a respeito de referências bibliográficas de livros, filmes, *sites* e outros materiais de mídias e suportes variados.

- Atividades de autoavaliação

Para que o leitor possa testar os conhecimentos adquiridos no ato da análise da obra, ao final de cada capítulo constam atividades avaliativas de múltipla escolha, em um total de cinco questões.

- Atividades de aprendizagem

   Essa seção conta com uma subdivisão analítica, consistindo em questões para reflexão e em atividades aplicadas: prática, as quais são apresentadas a seguir.

- Questões para reflexão

   Essas questões têm o objetivo de incentivar o leitor a confrontar conhecimentos acumulados nas leituras dos capítulos com o seu próprio conhecimento de mundo, levando-o a analisar as múltiplas realidades que o rodeiam.

- Atividades aplicadas: prática

   Com o objetivo de aliar os conhecimentos teóricos adquiridos nas leituras aos conhecimentos práticos dos quais o próprio leitor usufrui, as atividades práticas pressupõem propostas de cunho eminentemente dialógico, seja em proposições de enquetes, entrevistas ou mesmo depoimentos, seja nos trabalhos em grupo, que contribuem para o compartilhamento de informações e experiências.

- Bibliografia comentada

   A obra também lança mão de uma bibliografia mais detalhada, com considerações da própria autora a respeito dos conteúdos explorados e da metodologia utilizada pelos autores citados, para que o leitor tenha um noção preliminar das obras com que terá contato.

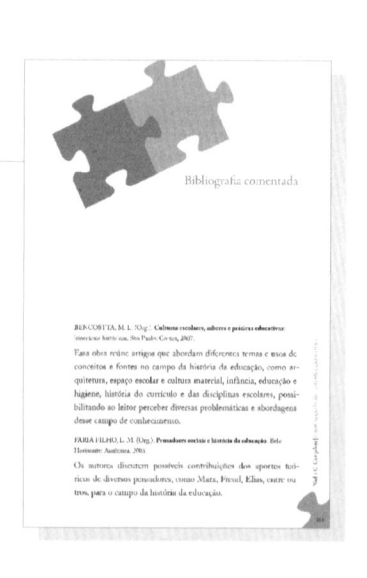

1.

História, historiografia
e história da educação:
relações e contribuições

Iniciando o diálogo

Neste primeiro capítulo, os objetivos são apresentar e discutir relações existentes entre a história, a historiografia e a história da educação, bem como explicitar contribuições desse diálogo e produção de conhecimento para a compreensão da educação no Brasil atual. O termo *educação* tem sentido mais amplo que *escolarização*, já que é possível ocorrer um processo educativo sem haver escolarização. Mas, em geral, quando se utiliza a palavra *educação*, a dimensão escolar é a que mais se evidencia. Por isso, neste livro, esse será o uso do termo, ou seja, quando houver o vocábulo *educação*, estaremos nos referindo ao âmbito escolar.

Ressaltamos que o propósito não é o de esgotar o tema, mas de enunciar questões importantes sobre ele, de maneira didática e introdutória. Devido à sua amplitude, foram feitas escolhas no sentido de privilegiar problemáticas consideradas mais relevantes para o debate e abordar outras de forma mais breve.

1.1
História e a Nova História

Primeiramente, uma questão deve ser esclarecida: O que se entende por *história*? A definição sobre o que é o conhecimento histórico "válido" academicamente não foi sempre a mesma. De acordo com o período, com a construção e concepção dos campos de conhecimento e das ciências, houve várias respostas distintas. Marc Bloch (2001) foi um dos pensadores que propôs uma dessas respostas. Trata-se da escola dos *annales* (da qual Bloch é um dos fundadores), movimento que buscou renovar a produção do conhecimento histórico, cujas proposições ganharam força no campo historiográfico a partir das primeiras décadas do século XX e perpassam as pesquisas realizadas na área atualmente.

Para Burke (1992), os historiadores da contemporaneidade encontram diversas e distintas maneiras de contemplar as novas proposições. Ele apresenta seis pontos que permitem visualizar pressupostos da história conhecida como tradicional, em contraposição aos da nova proposta:

Quadro 1.1 – Diferenças entre a "antiga" e a "Nova" História

Paradigma tradicional	Nova História
Interesse essencial pelo tema política e pela história mundial, em detrimento da local e regional.	Interesse por toda a atividade humana, daí a expressão *história total*, relacionada aos *annales*.
História compreendida como uma narrativa dos acontecimentos, factual e linear.	Preocupa-se em realizar análise das estruturas que envolvem as permanências, mudanças e transformações históricas, o que implica diálogo com outras áreas de conhecimento.

(continua)

(Quadro 1.1 – conclusão)

Volta-se aos grandes feitos de "grandes homens", como políticos ou militares.	Busca compreender a vida, as experiências e o pensamento das pessoas comuns.
Valoriza somente documentos oficiais como fontes válidas para a história.	Aceita uma maior variedade de documentos e registros, escritos, visuais e orais, por exemplo, como fontes.
Restrita a questões objetivas: porque, como, o que levou a, buscando "a" resposta correta, e pressupondo que há uma única resposta correta.	Busca articular elementos individuais e coletivos, tendências e acontecimentos para a compreensão do evento, pressupondo que podem haver distintas versões sobre o mesmo evento histórico.
A história é objetiva, ou seja, o historiador deve apresentar os fatos como eles aconteceram.	Não é possível absoluta objetividade na construção da explicação histórica, tanto por parte dos sujeitos envolvidos no evento quanto do historiador.

Fonte: Elaborado a partir de Burke, 1992, p. 10-16.

Como principal transformação nas prioridades e preocupações dos pesquisadores, podemos destacar a compreensão de que não devemos buscar uma verdade, ou "a" verdade em história, como se acreditava antes, considerando que os relatos sobre um evento histórico podem ser distintos e que os historiadores também são condicionados social, cultural e historicamente, ou seja, não há como serem absolutamente objetivos e neutros em suas pesquisas e explicações históricas.

pare e pense !

Pense sobre o impacto dessas proposições: como aceitar essa nova visão e reconhecer ao mesmo tempo a legitimidade da produção do conhecimento histórico? Como saber se uma explicação histórica é melhor ou mais válida do que outra? Como saber o que de fato ocorreu?

Embora a legitimidade de cada campo de conhecimento e das produções nele geradas sejam sempre feitas, em última instância, pela comunidade acadêmica da área, há alguns elementos que indicam caminhos necessários para que a explicação histórica possa ser considerada científica. Por exemplo: deve haver um problema de pesquisa claramente enunciado, um método de seleção, organização e interpretação das fontes, e um referencial teórico que oriente a explicação, que deve ser coerente e decorrente do problema, das fontes e do referencial.

A compreensão de que não existe "a" verdade em história não implica que toda opinião ou "achismo" seja válido, nem que alguns eventos sejam incontestáveis. Por exemplo: Pedro Álvares Cabral chegou ao Brasil em 22 de abril de 1500. Isso de fato ocorreu, há registros e estudos que comprovam a veracidade da afirmativa. Porém, a pesquisa em história, nos dias de hoje, busca averiguar e explicar bem mais do que datas e nomes "importantes". Já não é mais aceita, por exemplo, a versão do descobrimento por acaso e o próprio termo *descobrimento* tem sido contestado. Historiadores querem compreender de forma mais aprofundada como e por que os eventos e processos ocorreram, admitindo que, de acordo com a fonte ou o sujeito histórico, as percepções e explicações podem ser diferentes a respeito do mesmo evento. No caso da chegada de Pedro Álvares Cabral, outras versões poderiam ser encontradas, além da de Pero Vaz de Caminha. Nesse caso, o que um marinheiro relataria? Ele prestaria atenção exatamente nas mesmas coisas que Caminha? Por que foi a versão de Caminha que sobreviveu há tanto tempo, mantida como "a" descrição daquele evento? Provavelmente haveria significativa diferença nos relatos, porque o lugar social em que o marinheiro se encontrava – sua formação, sua cultura, o trabalho que ali desenvolvia – era muito diferente do lugar do relator oficial do rei de Portugal.

Explicações distintas não precisam, assim, serem vistas como excludentes. Elas podem ser complementares, contraditórias ou aproximadas – o que importa é compreender também quem as produziu, para entender por que e a partir de quais referências foram elaboradas. Assim, hoje não se conclui que o relato de Pero Vaz de Caminha é "o" verdadeiro; ele é um relato, é verdadeiro em sua autenticidade, mas deve ser compreendido e explicado a partir de quem o produziu e o lugar social e histórico que ocupava esse autor. Caso houvessem relatos escritos de marinheiros sobre o mesmo evento, estes poderiam ser considerados tão legítimos e verdadeiros quanto o oficial, embora provavelmente fossem distintos daquele.

Uma importante mudança de perspectiva se refere à linearidade da história. Na perspectiva tradicional, ela é progressiva, factual e eurocêntrica, ou seja, atende a dois pressupostos: o de que há uma evolução necessária na história e o de que o ideal de civilização, bem como o centro de toda história mundial, estão na Europa. Na nova proposição, esses pressupostos são questionados, porque não necessariamente ocorre uma *evolução* – termo pelo qual se compreende que houve sempre uma melhora –, mas sim mudanças, permanências ou transformações, por exemplo. Também não se reconhece um ideal civilizatório, uma vez que cada sociedade tem sua trajetória e especificidades próprias, e não precisamos almejar semelhança com nenhuma outra sociedade. Assim, as noções de tempo e espaço são fundamentais para a compreensão de cada sociedade e cultura, e outras noções, além da de sucessão, como as de simultaneidade, de permanência, de mudança e de transformação, são valorizadas.

De que forma essa nova compreensão da história se relaciona com a produção do conhecimento na história da educação? Embora com ênfases e mudanças em suas proposições iniciais ao longo do tempo, podemos afirmar que hoje a nova história, ou os princípios e indagações inerentes a ela, como a história cultural, têm sido predominantes na produção da história e da história da educação. Esta última, por sua vez, não é compreendida como uma nova ciência, pois se utiliza do arcabouço teórico-metodológico desenvolvido na história, embora o aperfeiçoando e refinando-o em relação aos objetos específicos relativos à educação (Fonseca, 2003).

Porém, ressaltamos que essa compreensão se refere somente ao período mais recente no Brasil. Faria Filho e Vidal (2003, p. 1) relacionam a constituição desse campo de conhecimento a três "pertencimentos: à tradição historiográfica do Instituto Histórico e Geográfico do Brasil (IHGB); às escolas de formação para o magistério e à produção acadêmica entre os anos 1940 e 1970". E é somente no segundo âmbito que a história da educação surge mais sistematizada:

> *No Brasil, a história da História da Educação está relacionada à das Escolas Normais, sendo introduzida no currículo da Escola Normal do Rio de Janeiro a partir de 1928. [...] A disciplina de História da Educação, [...] desde sua implantação nos currículos das escolas de formação de professoras, passou pela "programatização". Primeiramente sofreu uma "pragmatização moral" porque desta disciplina utilitária havia de se tirar alguma lição, algum ensinamento doutrinário e útil. Em torno das décadas de 1950 e 1960, quando começam a surgir estudos históricos relativos à Educação, "a pragmatização já instaurada foi secularizada".* (Roballo, 2007, p. 7-8)

Essa origem, como disciplina no campo da Pedagogia, marcou significativamente a trajetória da história da educação no Brasil em vários aspectos. Por exemplo: por não ter relação direta com a história, no início a produção dessa vertente histórica foi por muito tempo ignorada pela área pedagógica, que também não se preocupava com a educação como um tema relevante de estudo[a]. De fato, em boa parte dos casos, os livros de história da educação tinham caráter didático, com relatos descritivos e informativos, com uma abordagem próxima a do paradigma tradicional, e eram produzidos em geral por educadores. Porém, essas características não são suficientes para desmerecer o esforço em organizar informações e registros sobre a história da educação, uma vez que ele era comum à época.

[a] Por exemplo, em estudo feito sobre a relação *Estado e educação* na produção acadêmica brasileira, dos 202 trabalhos encontrados em periódicos e anais de eventos de 1971 a 2000, somente 3 eram da área de história (Gonçalves, 2005, p. 26).

Nos anos 1980, a produção do conhecimento em história da educação no Brasil começou a ser mais reconhecida e legitimada, devido a uma convergência de fatores: a expansão dos programas de pós-graduação no país, a partir de 1970, a gradual aproximação de historiadores ao tema *educação*, o diálogo e uso de referenciais teórico-metodológicos da história para a pesquisa sobre história da educação e a crescente produção sobre história da educação desenvolvida em outros países, o que também permitiu apropriações e a utilização de um arcabouço teórico e metodológico específico[b].

[b] Ressaltamos que esse reconhecimento era buscado pela área de educação de forma geral, e não somente pela história da educação. A Associação Nacional de Pós-Graduação e Pesquisa em Educação (Anped) foi fundada em 1976 e sua consolidação ocorreu em 1979; o Grupo de Trabalho de História da Educação surgiu em 1984. Em 1986, foi criado o grupo de estudos e pesquisas História, Sociedade e Educação no Brasil (HISTEDBR). Esse movimento se configurou como uma forte tendência, e outra iniciativa importante para a área foi a fundação da Sociedade Brasileira de História da Educação (SBHE), em 1999.

A partir desse breve panorama, é possível compreender porque somente no período mais recente podemos chamar a atenção para:

> *o alargamento da interlocução com uma variada gama de disciplinas acadêmicas – sociologia, linguística, literatura, política, antropologia, geografia, arquivística –, bem como para o fato de a história da Educação ser, ao mesmo tempo, uma subárea da Educação e uma especialização da história. Para os historiadores da Educação isto tem significado uma forma de marcar o seu pertencimento à comunidade dos historiadores, e uma maneira de reafirmar a identificação de suas pesquisas com procedimentos próprios ao fazer historiográfico [...].* (Faria Filho; Vidal, 2003, p. 60)

Alguns desses procedimentos se referem a problemas de pesquisa, conceitos, tipos e usos de fontes históricas, por exemplo. Os tópicos seguintes visam apresentar alguns elementos da produção do conhecimento histórico utilizados por pesquisadores da história da educação no Brasil.

1.2
Problemas e fontes de pesquisa

Considerando o breve panorama que traçamos no tópico anterior, a escola dos *annales* – em especial com Marc Bloch e Lucien Febvre – marcou o início da chamada *história-problema*. Essa expressão remete às questões colocadas pelos historiadores ao passado, que, com as novas proposições e pressupostos, têm por base interesses distintos conforme a época, a formação, enfim, a cultura de cada um. Bloch exemplifica essa mudança nos questionamentos feitos pelos historiadores a partir das origens do cristianismo e de sua permanência por diferentes sociedades e períodos históricos:

> *A questão, em suma, não é mais saber se Jesus foi crucificado, depois ressuscitado. O que agora se trata de compreender é como é possível que tantos homens ao nosso redor creiam na Crucificação e na Ressurreição. Ora, a fidelidade a uma crença é apenas, como toda evidência, um dos aspectos da vida geral do grupo no qual essa característica se manifesta. Ela se situa no nó onde se misturam um punhado de traços convergentes, seja de estrutura social, seja de mentalidade. Ela coloca, em suma, todo um problema de clima humano.*
> (Bloch, 2001, p. 58)

Com essa ilustração, o autor mostra como, para o historiador, as origens ou a veracidade dos fatos não são necessariamente a questão principal. Por outro lado, a existência da crença ao longo do tempo – com as mudanças, transformações, permanências etc. que colaboraram para que ela se tornasse realidade, e como a mesma aconteceu em distintos tempos, espaços, sociedades e culturas – se torna uma questão importante, ou uma das mais relevantes para um historiador investigar, e sua explicação deve considerar diversos elementos que contribuíram para esse processo.

Por exemplo: na história da educação, no Brasil, é comum ouvirmos referências à abordagem ou pedagogia tradicional, relacionadas em sua origem aos jesuítas e à sua ação educativa no país. Observe o trecho a seguir, retirado do *Ratio Studiorum* – o manual pedagógico dos jesuítas, escrito no século XVI e utilizado no Brasil Colônia:

NORMAS DA PROVA ESCRITA

1. Presença dos alunos – Entendam todos que, se alguém faltar no dia da prova escrita, a não ser por motivo grave, não será levado em consideração no exame.

> 2. *Tempo da prova – Venham a tempo à aula para que possam ouvir exatamente a matéria da prova e os avisos que por si ou por outrem der o Prefeito e terminem tudo dentro do horário escolar. Dado o sinal do silêncio, a ninguém será permitido falar com outros nem mesmo com o Prefeito ou com quem o substituir. [...]*
>
> 5. *Cuidado com os que sentam juntos – Tome-se cuidado com os que sentam juntos: porque, se porventura duas composições se apresentam semelhantes ou idênticas, tenham-se ambas como suspeitas, por não ser possível averiguar qual o que copiou do outro.[...]*
>
> 7. *Entrega das provas – Terminada a composição, poderá cada um, em seu lugar, rever, corrigir e aperfeiçoar, quanto quiser, o que escreveu; porque, uma vez entregue a prova ao Prefeito, se depois quiser fazer alguma correção, já lhe não poderá ser restituída.[...]*
>
> 10. *Tempo – Se alguém não terminar a prova no tempo prescrito, entregue o que escreveu. Convém, por isto, que saibam todos exatamente o tempo que lhes é dado para escrever, para copiar e para rever.*
> (citado por Franca, 1952, p. 177-178)

Essa citação é interessante porque podemos encontrar algumas dessas orientações como prática institucional de exames ou como algo que, devido a mudanças sociais, culturais e institucionais, por vezes seria inviável, embora muitos ainda busquem aplicar esse método como um ideal. Não pretendemos aqui discutir a validade ou pertinência dessa prática pedagógica, pois ela, como qualquer método ou metodologia, deve fazer sentido dentro de um contexto e prática mais amplos. Destacamos, porém, que nem todos que a utilizam ou buscam utilizar conhecem o seu sentido, seja o original, do *Ratio Studiorum*, seja o da sua permanência, com semelhanças e diferenças construídas e ratificadas ao longo do tempo. Essa é uma contribuição que pode ser dada pela história da educação aos pedagogos e professores, a fim de que estes, conhecendo melhor o sentido e a trajetória daquelas práticas, desenvolvam ações escolhidas intencionalmente, e não por simples repetição ou imitação.

Assim, temos um exemplo de como as noções de permanência, mudança, transformação e ruptura são importantes para a compreensão dos processos pelos quais ações, valores, crenças, representações e práticas – legais, institucionais e pedagógicas – foram desenvolvidos ao longo do tempo no Brasil, e em suas especificidades locais e regionais.

Em uma análise das pesquisas apresentadas no Grupo de Trabalho História da Educação da Anped, Catani e Faria Filho (2005)[c] identificam algumas tendências. No que diz respeito aos períodos pesquisados, quanto mais recentes, maior quantidade de pesquisas: 19,9% abordam o final do século XIX e início do XX, e 55,1% o século XX. No caso dos temas examinados, identifica-se uma grande diversidade: sistema escolar, profissão docente, fontes e metodologia, estudos de gênero, livros e práticas de leitura, saberes escolares e ideias pedagógicas, além dos autores relatarem a dificuldade de criação de categorias que abranjam todos os trabalhos.

[c] Devido à relevância da Anped, compreendemos que esse levantamento indica tendências do campo história da educação no Brasil. Porém, não pode ser entendido como um retrato fidedigno, uma vez que em qualquer campo de produção científica há embates internos, que também acabam por se refletir nos eventos.

Dos problemas e questionamentos desenvolvidos pelos historiadores, decorre necessariamente um novo olhar sobre os documentos: "A diversidade dos testemunhos históricos é quase infinita. Tudo que o homem diz ou escreve, tudo que fabrica, tudo que toca pode e deve informar sobre ele" (Bloch, 2001, p. 79). Ou seja, dadas as questões colocadas, os historiadores devem buscar fontes que possam trazer informações sobre os temas que buscam pesquisar. Como as questões agora remetem às pessoas e ao seu cotidiano, eles não podem ignorar os documentos oficiais, mas também não devem se limitar a esse tipo de registro. Até mesmo porque, para muitos dos problemas hoje pesquisados, os documentos oficiais são desnecessários ou insuficientes para a construção de uma explicação, exigindo certa dose de criatividade, e por vezes de sorte, por parte dos pesquisadores, para encontrarem fontes adequadas. Por outro lado, há temas e problemas não contemplados ou ignorados nos registros da época pesquisada. Como o caso de Eliane Peres (2002), que buscava compreender e identificar se houve a participação de alunos negros em cursos noturnos da Biblioteca Pública Pelotense, no período de 1875 a 1915. A autora relata o desafio diante do silêncio das fontes, e ressalta a importância desse dado ser desvendado, considerando que aborda a transição do fim da escravatura e da virada do século, com todas as mudanças contextuais envolvidas.

Mencionamos até agora documentos e fontes históricas: você sabe qual é a distinção entre eles?

Podemos compreender o termo *documento* a partir da citação de Bloch, ou seja: documento é todo registro ou testemunho do passado humano, em suas diversas e distintas formas de materialização e suporte. O documento se torna **fonte** na medida em que alguém o seleciona e o interroga: ele será então fonte de informações – no caso, para o historiador. E dessa fonte ele buscará extrair informações específicas, de acordo com a pergunta que quer responder, o que implica que uma mesma fonte pode trazer diferentes informações e ser utilizada de diferentes formas, de acordo com a questão e o propósito para os quais foi selecionada.

Quando da utilização das fontes, lembramos que os documentos em geral são produzidos "por instituições ou indivíduos singulares, tendo em vista não uma utilização ulterior, e sim, na maioria das vezes, um objetivo imediato, espontâneo ou não, sem a consciência da historicidade, do caráter de 'fonte' que poderia[m] vir a assumir mais tarde" (Rousso, 1996, p. 87). Ou seja, devem ser indagados com base em suas condições de produção e de uso.

> *O documento não é inócuo. É, antes de mais nada, o resultado de uma montagem, consciente ou inconsciente, da história, da época, da sociedade que o produziu, mas também das épocas sucessivas durante as quais continuou a viver, talvez esquecido, durante as quais continuou a ser manipulado, ainda que pelo silêncio. O documento é uma coisa que fica, que dura, e o testemunho, o ensinamento [...] que ele traz devem ser em primeiro lugar analisados, desmistificando-lhe o seu significado aparente. O documento é monumento. Resulta do esforço das sociedades históricas para impor ao futuro – voluntária ou involuntariamente – determinada imagem de si próprias.* (Le Goff, 2003, p. 537-538)

Ou seja, mesmo que o documento seja produzido sem consciência de seu uso posterior, como fonte, é importante que, entre as perguntas feitas, esteja essa: Por que esse registro foi guardado? Essa questão é relevante porque ajudará o pesquisador a compreender as informações que ele traz. Alguém ou alguma instituição fez com que aquele registro fosse preservado, enquanto muitos outros foram destruídos. Quem decidiu pela guarda ou descarte? Quais critérios foram utilizados para decidir quais documentos seriam guardados e quais seriam jogados fora? Essas são questões fundamentais para a história, hoje. Le Goff, quando afirma que o "documento é monumento", remete às representações que uma pessoa, instituição ou sociedade querem deixar de seu passado – o que se relaciona aos critérios que estabeleceram a preservação de determinados documentos que trazem uma certa informação ou explicação sobre esse passado.

Um exemplo sobre essa afirmação: até pouco tempo atrás – quando não havia tantos recursos digitais que permitissem a alteração de uma imagem –, a fotografia era assumida como registro de uma realidade, ou seja, as pessoas pressupunham que o fotógrafo registrou a realidade, o que estava acontecendo.

A compreensão do historiador sobre esse tipo de fonte, atualmente, implica uma série de questionamentos, como: O fotógrafo criou uma aparente realidade ou escolheu uma parte da realidade para registrar? Pense no seguinte exemplo: enquanto um turista pode estar preocupado em fotografar os "cartões-postais" de uma cidade, outro fotógrafo – digamos, um repórter – pode priorizar a desigualdade social ou a pobreza ali encontradas, e isso somente mudando o ângulo e o foco da máquina. Assim, a escolha que o fotógrafo faz depende de quem ele é, de seus interesses – assim, sua escolha é intencional, embora não necessariamente esteja deliberadamente produzindo um documento com finalidade de registro histórico. Mas ele também pode estar fazendo isso, o que nos ajuda a compreender sua escolha e o uso que fará dela: se, onde, como, por que e quando essa fotografia será divulgada; como e para que ela será empregada, o que pode ultrapassar a intencionalidade ou o controle do fotógrafo. A mesma lógica pode ser aplicada a álbuns de fotos de família: tanto o momento em que a fotografia é tirada quanto a sua seleção em ser ou não tornada pública implicam representações que alguém pretende reforçar sobre aquele grupo. Pense: Quais são as fotografias que você escolheria para um álbum familiar? Quais critérios utilizaria? Muito provavelmente aqueles que fossem ao encontro da representação de família que você quer divulgar para seus descendentes e amigos – uma família feliz, em bons momentos.

> Documento é todo registro ou testemunho do passado humano, em suas diversas e distintas formas de materialização e suporte.

Ainda sobre fontes históricas, Ragazzini (2001) propõe que para a história da educação elas sejam "lidas a partir de múltiplas relações, tais como as relações subjacentes à sua produção, seleção, modo de reunião, conservação e, também, de forma comparativa, na perspectiva de encontrar reiteração ou especificidade diferencial" (p. 17). Ou seja, não devem ser tomadas como "a" verdade, como já mencionamos. O autor também ressalta outra especificidade dessas fontes:

> *Para discutir a história da escola e da Educação, a partir das discussões sobre as fontes, devemos considerar dois aspectos: a) as fontes para a história da escola e da Educação, que auxiliam a interpretar e a escrever essa história; e b) as fontes da escola, ou seja, aquelas que provêm diretamente das práticas escolares.* (Ragazzini, 2001, p. 19)

No primeiro caso, estão aquelas fontes relativas ao contexto mais amplo, que envolve a escola, como a legislação, a urbanização, a administração pública, a economia, a cultura, a sociedade e a realidade local. No segundo, as fontes produzidas na escola, desde registros administrativos até materiais didáticos, planejamentos de disciplinas, regimentos, fotografias, entre tantas outras.

Sobre as fontes da escola, há uma discussão muito importante, que ganha força no Brasil nos anos de 1990: a proteção e preservação de arquivos escolares. À medida que o campo da história da educação se fortalece e se organiza, e que o diálogo com a Nova História se aperfeiçoa teórica e metodologicamente, a questão das fontes – sua localização, sua preservação e tratamento – ganha ênfase. Pesquisadores voltam-se aos arquivos escolares, e encontram, em geral, uma situação muito precária quanto à organização e guarda desses documentos. Pense na expressão que comumente designa esse acervo: "arquivo morto", o que está associado ao sentido que lhe dão na escola. Com limitações quanto a espaço e a recursos humanos e materiais, a falta de cuidados com esses acervos é óbvia. Por um lado, a legislação, em uma lógica mais administrativa, orienta a guarda somente de documentos que comprovem o final do processo, prioritariamente livros de ata e históricos escolares, e permite o descarte de outros registros que seriam muito significativos para a compreensão da história daquela instituição; além disso, não há orientações técnicas às escolas sobre os cuidados necessários aos documentos guardados. Por outro lado, mesmo que a legislação oriente procedimentos para o descarte, muitas vezes eles são ignorados, em geral por desconhecimento.

Diante desse quadro, existem trabalhos de pesquisa e de organização de acervos escolares que discutem as dificuldades e propõem encaminhamentos para essa questão, inclusive defendendo uma política pública mais clara e efetiva na preservação dos documentos. Como exemplo: os projetos desenvolvidos pelo Núcleo de Memória da Educação Paulista, pelo Centro de Memória da Educação da Universidade de São Paulo e pela Universidade Federal do Paraná[d].

[d] Informações disponíveis em: <http://www.crmariocovas.sp.gov.br/memorial.php>, <http://www.cme.fe.usp.br/> e <http://www.cdphe.ufpr.br>.

1.3
Referenciais, noções e conceitos

Os problemas de pesquisa e as fontes selecionadas para as investigações, seja na história ou na história da educação, devem ser decorrentes das perspectivas teóricas que orientam essa produção. Este é um campo de discussão muito amplo, por isso optamos por comentar brevemente alguns dos principais referenciais e suas contribuições, ressaltando o caráter didático e introdutório deste trabalho, e reconhecendo seu caráter mais indicativo – para posteriores leituras e aprofundamentos – uma vez que conceitos, noções ou teorias não podem ser sintetizados sem recortes e simplificações. Assim, o que se segue são apontamentos e comentários mais gerais e pontuais sobre o tema.

No balanço sobre a produção do Grupo de Trabalho História da Educação da Anped, realizado por Catani e Faria Filho (2005), são indicados os autores mais citados como referencial teórico, na seguinte ordem: Pierre Bourdieu, Roger Chartier, Michel Foucault, Jacques Le Goff, Michel de Certeau, André Chervel e Karl Marx. Alguns deles, como Jacques Le Goff e Peter Burke, já foram mencionados neste capítulo e em geral são utilizados em relação à discussão sobre historiografia ou documento.

É interessante identificar Bourdieu, um sociólogo, como o mais citado: se por um lado isso pode indicar uma característica da nova história – o diálogo com referenciais e métodos de outras áreas de conhecimento – devemos considerar também a especificidade da produção de Bourdieu, que, embora tenha discutido outras questões além da educacional, teve nas culturas e práticas sociais, em seus mecanismos de produção, de reprodução e de manutenção, bem como nas relações de força e legitimidade existentes em cada campo, suas preocupações centrais. Nesse caso, a família, a sociedade e a escola têm destaque.

Para melhor evidenciar como as proposições de Bourdieu podem contribuir para a história da educação, destacamos alguns de seus conceitos e noções centrais. Por exemplo, espaço social, que é o sistema, dinâmico, de posições sociais, que se definem umas em relação às outras, e de acordo com o campo em que se situam. Para diferentes campos há diferentes valores e regras, socialmente construídos, que envolvem os seus agentes, que possuem algumas afinidades de interesse. Em todos os campos há regras e dinâmica próprias, envolvendo uma luta contínua por poder e legitimidade. Essa luta ocorre prioritariamente no campo simbólico e busca estabelecer sentidos reconhecidos socialmente, que serão fortalecidos pelo habitus, ou as "disposições adquiridas pela experiência, logo, variáveis segundo o lugar e o momento" (Bourdieu, 2004, p. 21). O *habitus* seria então a forma de pensar os valores, as crenças, as certezas, que são construídos coletiva e individualmente, e deve ser relacionado à localização espaçotemporal, por isso a necessidade de conhecer a história para compreender esse termo. Ele é incorporado e dificilmente os agentes questionam esses valores e certezas, o que contribui para a sua reprodução. Por outro lado, há espaço para a contestação e a mudança, embora haja a tendência de que essas tentativas sejam reprimidas coletivamente.

Por sua vez, a prática e as estratégias dos agentes derivam do *habitus*, mas não somente dele. Bourdieu propõe a seguinte fórmula: "[(*habitus*) + (capital)] + campo = prática" (2007, p. 97). Capital são as posses do agente, mas não é limitado pelo elemento material; pode ser social, econômico, cultural, ou simbólico, e cada tipo de capital tem maior ou menor valor, conforme o campo em que o agente está situado. Daí o esforço e as estratégias que este desenvolve para manter, expandir ou converter seus capitais: dependendo do campo, haverá um tipo específico de capital que confere mais poder ao agente. Esse poder simbólico agrega reconhecimento ao agente, dentro de determinado campo, e está relacionado à sua posição nele. O poder simbólico é tão mais eficiente quanto mais haja "desconhecimento da violência que se exerce através dele" (Bourdieu, 2004, p. 194), e pode ser exercido por agentes ou instituições.

Embora as proposições de Bourdieu excedam muito em abrangência e complexidade, por meio da apresentação didática que apresentamos anteriormente, é possível perceber sua pertinência e potencial contribuição para compreender a sociedade e as práticas e instituições educativas na história. O autor enfoca em especial a França, em distintos momentos, mas é possível identificarmos processos, mecanismos e relações semelhantes passíveis de aplicação ao caso brasileiro, para o qual essa teoria pode muito contribuir, na compreensão e explicação de suas especificidades. Por outro lado, esse instrumental teórico traz como condição necessária que o pesquisador observe a si mesmo, seu campo e *habitus*, reconhecendo-os primeiramente, para daí realizar um esforço analítico, visando compreender e explicar o agente, as práticas, o campo, as escolhas, bem como as rupturas, permanências, sucessões, diferenças e similaridades, situados histórica, social, econômica e culturalmente.

É inegável a apropriação que Bourdieu faz de preocupações estabelecidas nas obras de Karl Marx[e], como o paradigma da dominação, as relações de força e os conflitos sociais decorrentes, a relevância das estruturas para a compreensão histórica das práticas, além da noção de capital, que é ampliada. Em se tratando do uso de proposições de Marx para a história da educação no Brasil, essa é uma discussão muito ampla. De acordo com Tambara (2005), praticamente "todos os paradigmas sociais desenvolvidos pós-Marx têm-no como referência, tanto adotando seus princípios, categorias e métodos ou reformatando-os e, sob certo prisma,

---

[e] Para fundamentar suas pesquisas, Bourdieu desenvolveu uma proposição teórica específica, redefinindo algumas contribuições dos três grandes sociólogos – Marx, Weber e Durkheim.

pretendendo superá-los, ou questionando-os e construindo modelos explicativos alternativos [...]" (p. 9). O autor avalia que ao final do século XX, embora esse referencial ainda fosse utilizado, ele sofreu certa marginalização. Apresenta ainda algumas potenciais contribuições de Marx e do materialismo dialético para a pesquisa em história da educação, como "a percepção da concretude humana", a necessidade de ser "levada em consideração a concretude histórica e social sob a qual aquela concretude se materializa." (p. 12); e suas principais categorias analíticas, relacionadas intrinsecamente "às características fundantes do sistema capitalista, [...] que pode ser apreendido com as seguintes características: propriedade privada; relações de produção burguesia/proletariado; livre iniciativa e divisão social do trabalho" (p. 13), além das relações entre a infraestrutura e a superestrutura, entre outras, ressaltando que essa perspectiva teórica não pode ser desvinculada da compreensão da função política do investigador.

Ainda sobre as proposições de Bourdieu, observamos a possibilidade de diálogo com outros autores, noções, categorias e conceitos que vêm sendo utilizados na história da educação, como apropriação, práticas e representações, de Roger Chartier; experiência, de Edward Thompson; táticas e estratégias, de Michel de Certeau; ou ainda cultura escolar, em várias acepções, como as de André Chervel, Antonio Viñao Frago e Dominique Julia.

No caso de Roger Chartier (1991, p. 178), podemos identificar várias dessas possibilidades de diálogo, por exemplo, com as proposições de campo e *habitus*, quando o autor estabelece duas hipóteses principais para sua pesquisa sobre leituras:

A primeira hipótese sustenta a operação de construção de sentido efetuada na leitura (ou na escuta) como um processo historicamente determinado cujos modos e modelos variam de acordo com os tempos, os lugares, as comunidades.

A segunda considera que as significações múltiplas e móveis de um texto dependem das formas por meio das quais é recebido por seus leitores (ou ouvintes).

Essa possibilidade também aparece quando o autor estabelece o sentido para a apropriação social dos discursos, ressaltando a necessidade de voltarmos a atenção "para as condições e os processos que, muito concretamente, sustentam as operações de produção do sentido" (Chartier, 1991, p. 180), ou seja, de que sempre consideremos a relação estrutura-agente-história, a fim de desvendar o sentido das crenças e práticas estabelecidas. Essa perspectiva pressupõe, segundo o autor, a superação dos

falsos debates em torno da divisão, dada como universal, entre as objetividades das estruturas [...] e a subjetividade das representações [...]. Tentar superá-la exige, a princípio, considerar os esquemas geradores dos sistemas de classificação e de percepção como verdadeiras "instituições sociais", incorporando sob a forma de representações coletivas as divisões da organização social [...], mas também considerar, corolariamente, estas representações coletivas como as matrizes de práticas construtoras do próprio mundo social [...]. (Chartier, 1991, p. 182-183)

f
Destacamos a contribuição de historiadores que utilizam fundamentação marxista, como Eric Hobsbawn e Edward P. Thompson, que fazem parte da nova esquerda inglesa.

A superação dessa dicotomia também é contemplada por Edward Thompson. Embora esse autor não esteja indicado por Catani e Faria Filho (2005), tem sido utilizado em pesquisas de história da educação, em especial por significar uma abordagem mais contemporânea do materialismo histórico[f].

Segundo Thompson, para cada contexto é possível observarmos o estabelecimento de uma lógica histórica própria, na forma de regularidades que não podem ser compreendidas fora desse contexto e da classe em que se constituíram. Ele ressalta nessa construção de regularidades, por meio da experiência, "a ambivalência crucial de nossa presença humana em nossa própria história, parte sujeitos e parte objetos, agentes voluntários de nossas próprias determinações involuntárias" (Thompson, 1981, p. 101).

Por sua vez, podemos relacionar as diversas estratégias enunciadas por Bourdieu à proposição de estratégias e táticas de Michel de Certeau, para quem estratégia é "o cálculo (ou a manipulação) das relações de forças que se torna possível a partir do momento em que o sujeito de querer e poder (uma empresa, um exército, uma cidade, uma instituição científica) pode ser isolado" (Certeau, 1994, p. 99), e tática são as ações fragmentárias, não institucionalizadas, que se desenvolvem diante das oportunidades e brechas que encontram, e que "opera golpe por golpe, lance por lance. Aproveita as 'ocasiões' e delas depende, sem base para estocar benefícios, aumentar a propriedade e prever saídas" (p. 100). Nesse caso, Bourdieu, quando reconhece as contínuas tensões dentro do campo e a luta pelo estabelecimento de força e sentido, pode contribuir para a compreensão de porque e como se desenvolvem as estratégias (de Certeau, que parecem se identificar mais com as estratégias de manutenção e de expansão de capital e do poder simbólico, de Bourdieu) e as táticas (mais próximas das estratégias de reconversão de capital).

Ainda tratando das lutas por poder e sentido, e situando-as na escola, a proposição de Bourdieu sobre o espaço social, os campos e seus agentes, necessariamente considerados em seu tempo e espaço de constituição, aproxima-se de preocupações relativas à cultura escolar, que é problematizada por André Chervel. Para ele, as estruturas e a especificidade do campo devem ser observadas em suas inter-relações, enfatizando a compreensão das permanências e as possibilidades de mudanças – de práticas ou de sentidos,

> *[...] porque o sistema escolar é detentor de um poder criativo insuficientemente valorizado até aqui é que ele desempenha na sociedade um papel o qual não se percebeu que era duplo: de fato ele forma não somente os indivíduos, mas uma cultura que vem por sua vez penetrar, moldar, unificar a cultura da sociedade global.* (Chervel, 1990, p. 184)

Outro autor citado é Michel Foucault. De acordo com Gondra (2005), Foucault "instaura um debate com a chamada história tradicional, mas também com a história que busca redefinir seu estatuto, seus objetos e abordagens" (p. 299-300), e, devido à fertilidade de sua obra, é utilizado sob distintas perspectivas. Por exemplo: como sustentação para os procedimentos historiográficos adotados, "na recusa das origens, na recusa das unidades forjadas, na recusa à natureza das coisas e no questionamento das vontades de verdade" (p. 301), ou seja, como base para a desconstrução, visando à compreensão das práticas sociais e das instituições.

Embora os conceitos, categorias e noções mencionados sejam desenvolvidos e propostos sob perspectivas e para problemas distintos, parece possível afirmarmos que todos eles, inclusive Bourdieu, compartilham alguns pressupostos:

- de reconhecer o agente como alguém de seu tempo, espaço e ambiente (social, cultural, econômico);

- de compreender a percepção desse agente situada e construída na conjuntura; da explicação das escolhas e práticas – de adesão, de manutenção, de questionamento ou de mudança – a partir do contexto, da conjuntura e da percepção desse agente;

- de que há uma relação dinâmica e dialética entre agente e estrutura, sendo que o primeiro não é totalmente determinado pela segunda, mas tem liberdade relativa em suas escolhas.

Para Bourdieu (2004, p. 26),

> *a análise das estruturas objetivas – as estruturas dos diferentes campos – é inseparável da análise da gênese, nos indivíduos biológicos, das estruturas mentais (que são em parte produto da incorporação das estruturas sociais e da análise da gênese das próprias estruturas sociais: o espaço social, bem como os grupos que nele se distribuem, são produtos de lutas históricas nas quais os agentes se comprometem em função de sua posição no espaço social e das estruturas mentais através das quais eles apreendem esse espaço).*

Assim, não é possível ignorar o agente, nem o contexto, se o intento é explicá-los em uma abordagem histórica. O grande desafio é compreender a ambos e articular as informações sobre um e outro, de forma a produzir uma explicação possível das relações que ali são estabelecidas, o que condiz com as atuais perspectivas da produção do conhecimento na área de história. Em comum, os conceitos e noções brevemente indicados constituem referencial teórico que possibilita e tem como problemática central averiguar como e porque tal fato, fenômeno, crença ou prática se constituiu de determinada maneira, evitando polos reducionistas e limitados em sua contribuição explicativa, quando consideram somente as estruturas ou somente os agentes, ou ainda, os agentes como totalmente determinados ou com plena consciência e liberdade.^g

> g
> Seria impossível aprofundarmos a discussão sobre cada autor mencionado, uma vez que para cada um deles poderia ser desenvolvido um trabalho específico, a partir de outras possibilidades, em suas contribuições, de conceitos e problemáticas. Assim, apenas apontamos algumas aproximações possíveis, atendendo à proposta introdutória deste material.

1.4
História da educação: abordagem neste livro

Todas as questões apresentadas neste capítulo contribuem para refletir sobre perguntas como: Qual a importância de buscarmos os fundamentos históricos da educação no Brasil? O que significam os termos *educação* e *escolarização*? Qual a abrangência da educação? E da escola? Quais suas funções na sociedade? Essas funções sempre foram as mesmas?

Há várias respostas possíveis, que variam conforme a sociedade, a cultura e o momento histórico que abrangem o processo e a ação educativa ou escolar que estão sendo discutidos. Nesse sentido é que, para compreender a questão educacional, é necessário observarmos como ela foi e é constituída no Brasil.

> Não é possível ignorar o agente, nem o contexto, se o intento é explicá-los em uma abordagem histórica.

Em cada sociedade, as ideias, os valores, a cultura e o entendimento a respeito da educação e da escolarização vão sofrendo alterações de acordo com o contexto que os cercam. Essas práticas, por sua vez, são direcionadas, consciente ou inconscientemente, por uma determinada concepção, um ou vários entendimentos sobre o que deve ser a educação e a escolarização, entre outros fatores. O termo *educação* é amplo, abrangendo desde processos de socialização iniciais, como os do âmbito familiar, até aprendizagens mais formais, enquanto *escolarização* trata das orientações normativas, práticas, culturas e instituições escolares, mais especificamente. É certo que a escolarização faz parte de um processo educativo, que por sua vez, pode ser desenvolvido sem a escola.

Conforme enunciado, consideramos que a história é uma construção coletiva e individual, simultaneamente; as transformações que nela ocorrem se dão, em grande parte, lenta e gradualmente, principalmente no campo das ideias; por seu papel na sociedade, a educação e a escolarização nunca são neutras nem apolíticas, pois envolvem determinada intencionalidade. Essa é uma das razões pelas quais julgamos necessário compreender seus fundamentos: para que possamos pensar e agir criticamente, como agentes históricos conscientes de que fazemos parte desse processo e de que não devemos aceitar e compreender a realidade de forma naturalizada, como se sempre tivesse sido assim: toda realidade contemporânea foi construída historicamente, por meio de ações e de omissões, da mesma forma que o panorama futuro está também em construção, neste momento.

Síntese

Neste capítulo, buscamos indicar relações entre a história e a história da educação, no que diz respeito a seus pressupostos, procedimentos e referenciais, e evidenciar como as proposições assumidas neste momento para a produção do conhecimento histórico envolvem necessariamente as pessoas comuns, o cotidiano, as práticas sociais, entre outros. Dessa forma, os problemas, referenciais teóricos e fontes, reconhecidos e utilizados em pesquisas da história da educação no Brasil, no final do século XX e início do XXI, podem contribuir para a compreensão das trajetórias e processos que constituíram e constituem não somente as instituições escolares, mas também a sociedade em que estão situadas.

Indicações culturais

Filme

UMA CIDADE sem passado (*The nasty girl*). Direção: Michael Verhoeven. Produção: Michael Senftleben. Alemanha: Globo Vídeo, 1990. 92 min.

Sugere-se refletir e observar no filme os recursos utilizados para manter uma versão, a oficial, sobre a história da cidade.

UMA VERDADE inconveniente. Direção: Davis Guggenheim. Produção: Lawrence Bender, Scott Burns, Laurie Lennard, Scott Z. Burns. EUA: Paramount Classics/UIP, 2006. 100 min.

Aborda a questão do aquecimento global. Sugere-se observar as noções de temporalidade, por exemplo: como a sucessão, a mudança, a transformação, a simultaneidade e a permanência aparecem nas sociedades e ações humanas e afetam outras dimensões do planeta, como a ambiental. (*Site*: http://www.climatecrisis.net).

Sites

CUNHA, L. A. A retomada de compromissos históricos aos 30 anos da Anped. In: REUNIÃO ANUAL DA ANPED, 30. 2007, Caxambu. Conferência de abertura. Disponível em: <http://www.anped.org.br/reunioes/30ra/index.htm>. Acesso em: 12 jan. 2010.

O texto, de autoria de Luiz Antonio Cunha, traça a trajetória histórica da área de educação no Brasil. Esse *site* disponibiliza artigos na íntegra, relativos a trabalhos apresentados em eventos promovidos pela Anped.

HISTEDBR – Grupo de estudos e pesquisas "História, Sociedade e Educação no Brasil". Disponível em: <www.histedbr.fae.unicamp.br/navegando/index.html>. Acesso em: 12 jan. 2010.

Esse *site* disponibiliza artigos e documentos sobre a história da educação no Brasil. Sugere-se a visita ao acervo e ao glossário do CD-ROM intitulado *Navegando na História da Educação Brasileira*.

PARANÁ. Superintendência de Desenvolvimento Educacional. Museu da escola. Disponível em: <http://www.diaadia.pr.gov.br/museudaescola/>. Acesso em: 12 jan. 2010.

Esse *site* traz informações e esclarecimentos sobre patrimônio histórico escolar, bem como orientações para sua organização e preservação.

Sociedade Brasileira de História da Educação. Disponível em: http://www.sbhe.org.br. Acesso em: 2 dez. 2010.

Esse *site* traz registro dos grupos de pesquisa brasileiros relacionados à história da educação e disponibiliza na íntegra, para *download*, a Revista Brasileira de História da Educação e anais de congressos da área. Relacionado ao tema deste capítulo, sugere-se a consulta ao dossiê "Arquivos Escolares", disponível na edição nº 10 da revista.

VIDAL, D. G.; FARIA FILHO, L. M. de. História da educação no Brasil: a constituição histórica do campo (1880-1970). Revista Brasileira de História, São Paulo, v. 23, n. 45, jul. 2003. Disponível em: <http://www.scielo.br/scielo.php?script=sci_arttext&pid=S0102-01882003000100003&lng=pt&nrm=iso>. Acessos em: 27 jan. 2010.

Sugere-se a consulta a esse artigo, mencionado neste capítulo. Nele, os autores traçam um panorama histórico de como a história da educação começou a ser abordada no Brasil, e a trajetória desse campo de conhecimento, de 1880 a 1970, contribuindo para uma visão mais abrangente e aprofundada da constituição inicial do mesmo no país.

Atividades de autoavaliação

1. Sobre como se compreende a pesquisa e a escrita da história e da história da educação atualmente, analise as alternativas a seguir e assinale (F) para as proposições falsas e (V) para as verdadeiras:

    ( ) A história da educação se utiliza de referenciais e métodos próprios da história, aperfeiçoando-os de acordo com seus objetos de estudo.

    ( ) A noção de sucessão não é mais considerada relevante para a história.

    ( ) Embora diferentes versões sobre um mesmo evento possam ser reconhecidas como possíveis, não é qualquer explicação que tem validade histórica.

    ( ) Utilizando fundamentação teórica e metodológica da história, o historiador garante sua objetividade e neutralidade perante o tema e objeto estudados.

2. Diferentes fontes podem ser utilizadas para a produção de conhecimento sobre a história da educação. Sobre essa questão, assinale a alternativa incorreta:

a) Entre as fontes possíveis para a pesquisa em história da educação estão aquelas não escolares, que auxiliam na compreensão do contexto e da sociedade em que o objeto ou problema de pesquisa está situado.

b) A pertinência do uso de uma determinada fonte para uma pesquisa em história da educação está relacionada ao reconhecimento da autenticidade da produção e da origem do documento.

c) Um único documento pode ser utilizado como fonte para questões distintas, por diferentes pesquisadores.

d) Cada documento traz, inerente à sua produção, o olhar ou a representação do indivíduo ou da instituição sobre o assunto nele abordado.

3. Os arquivos escolares têm sido alvo de projetos relacionados à sua preservação e organização. Sobre algumas razões que têm levado pesquisadores a interessarem-se pelos arquivos escolares, assinale a alternativa incorreta:

a) Existem nos arquivos escolares documentos fundamentais para a compreensão e explicação histórica dos processos educativos no Brasil, que precisam ser preservados.

b) De acordo com a legislação vigente, grande parte dos documentos gerados pelas instituições escolares não precisa ser guardada, o que preocupa os pesquisadores.

c) As escolas brasileiras vêm recebendo recursos materiais e humanos para a organização e preservação dos seus arquivos, o que facilita o trabalho dos pesquisadores.

d) Documentos produzidos pelas instituições educativas podem ser fontes para questões sobre a escola e sobre a sociedade em que ela está inserida, sendo fundamentais para a explicação histórica.

4. Observe as afirmativas a seguir sobre pesquisa e referenciais utilizados na história da educação, apresentados neste capítulo, e na sequência assinale a alternativa correta:

   I. A problematização sobre os agentes históricos, seu papel e sua participação na construção da história perpassa diferentes referenciais teóricos.

   II. Cultura escolar é uma importante categoria para a pesquisa em história da educação.

   III. Grande parte dos problemas de pesquisa, gerados a partir das proposições e preocupações dos autores citados, necessita de fontes relacionadas ao cotidiano – dos indivíduos e das instituições – para serem respondidos.

   IV. Compreender a dimensão mais subjetiva dos indivíduos e coletividades – suas representações, crenças, valores – é uma preocupação significativamente presente em referenciais utilizados na história da educação.

   a) Somente as afirmativas I e III são verdadeiras.
   b) Somente as afirmativas II, III e IV são verdadeiras.
   c) Somente as afirmativas I, II e IV são verdadeiras.
   d) Todas as afirmativas são verdadeiras.

5. Sobre as concepções atualmente propostas *de* e *sobre* documento e fonte, apresentadas neste capítulo, assinale a alternativa *incorreta*:

   a) Toda fonte histórica é um documento, mas nem todo documento se torna uma fonte histórica.
   b) Documento é todo registro ou testemunho do passado humano.
   c) Todo documento traz inerente uma visão possível – individual, institucional ou coletiva – sobre o evento ou fenômeno a que se refere.

d) Para o historiador, documentos oficiais, como ofícios ou legislação, são mais confiáveis do que registros informais, como bilhetes ou cartas particulares.

Atividades de aprendizagem
Questões para reflexão

1. Pense na sala de aula da escola que você frequentou na educação básica, em relação ao exposto na citação do *Ratio Studiorum*, sobre as "Normas para prova escrita". Você consegue perceber algumas semelhanças? Reflita: Por que e como será que elas se constituíram ao longo do tempo? Por que e por quais mecanismos as semelhanças foram mantidas? Que tipos de documentos poderiam ser utilizados por um historiador para auxiliar na resposta a essas questões?

2. Sobre as proposições da história chamada *tradicional*, e as da *Nova História*, reflita: O que significam, para esse caso, as denominações "tradicional" e "nova" história? Elas sugerem algum juízo de valor? Qual? Observe que a escolha das palavras não é aleatória, nem a-histórica. Reflita: Será que "história tradicional" e "nova história" significarão a mesma coisa para um historiador do ano de 2200? Por quê?

Atividades aplicadas: prática

1. Faça um levantamento de documentos que você possui sobre sua trajetória escolar, ou de alguém de sua família: boletins, fotografias, cadernos, livros didáticos, entre outros. Responda: Por que e por quem esses documentos foram guardados? Quem os produziu, em quais circunstâncias, com qual propósito? Que tipo de informações podem ser extraídas deles: amizades, aprendizados (conteúdos), metodologias de ensino, práticas corporais, vestuário, tipos de materiais utilizados, instituições escolares locais etc.? Quais foram os critérios para guardar esses documentos e descartar outros? Leve alguns desses documentos e as suas respostas para discussão com a turma.

2. Acesse o *site* da SBHE – www.sbhe.org.br. No *link* "Congressos", escolha um dos Congressos Brasileiros de História da Educação. Consulte as pesquisas apresentadas no evento e selecione um trabalho que aborde um tema pelo qual você tenha interesse. Leia o texto e identifique os seguintes tópicos: 1. O recorte feito para a pesquisa (local, instituição, tempo – período ou datas); 2. O objetivo central da pesquisa; 3. As fontes selecionadas e utilizadas para a investigação; 4. Os autores utilizados como referência; e 5. Os conceitos centrais para a pesquisa. Apresente sua pesquisa e análise para a turma, ressaltando o que achou mais interessante.

2.

Educação e escolarização
no Brasil Colônia:
caminhos e desafios iniciais

Iniciando o diálogo

A partir deste capítulo, o objetivo é contemplar elementos que consideramos fundamentais para a compreensão da trajetória histórica do processo de escolarização no Brasil. Para os propósitos didáticos deste material, a abordagem que escolhemos foi a cronológica, assumindo que a escolarização no Brasil é uma construção histórica, com suas especificidades, que envolvem tensões, contradições, dilemas, conflitos e desafios, não somente no âmbito normativo e político, mas também no das práticas e da cultura escolar.

Neste capítulo, pretendemos apresentar e discutir a escolarização no Brasil colonial, a qual pode ser delimitada entre 1549, com a chegada dos primeiros jesuítas, e 1822, com a independência do país, relacionando-a ao contexto e às discussões pedagógicas do Ocidente, particularmente de países europeus.

2.1
Contexto ocidental, educação e escolarização: da Idade Média ao Renascimento

Para compreendermos a forma como foi iniciado o processo de escolarização no Brasil, precisamos considerar o que ocorria antes no Ocidente, mais especificamente na Europa, e que contribuiu para as grandes navegações, a colonização e a vinda dos jesuítas ao nosso país. Nesse sentido, o recorte inicial pode ser a Idade Média, por este ser um período a partir do qual são identificadas significativas contribuições para o pensamento e as proposições acerca da educação e da escola para o mundo ocidental contemporâneo, inclusive o Brasil[a].

[a] Ressaltamos que apesar de haver semelhanças nos termos utilizados, o contexto em que estão situados, bem como os sentidos que têm em cada momento, não são necessariamente os mesmos de atualmente.

Caracterizando muito brevemente a Idade Média, houve grande poder e influência da Igreja Católica nos aspectos religioso, político, intelectual e educacional. Essa situação, porém, teve variações desde o início do período medieval, no século V, com a desagregação do Império Romano e as invasões, passando pela constituição, pelo auge e pela decadência do feudalismo e pelo reaparecimento das cidades e do comércio, bem como pela criação de universidades. No final da Idade Média ocorreu um processo de secularização da sociedade e do poder político, ou seja, de gradativo distanciamento desses âmbitos em relação à religião, o que contribuiu para questionamentos e mudanças também no aspecto educacional.

No período medieval, a ênfase educativa dada pela Igreja foi à formação do homem de fé nos valores cristãos, ação caracterizada pela patrística[b] e

[b] Defesa da fé católica e da conversão dos não cristãos.

> [c] A filosofia cristã medieval, cujo principal nome foi Tomás de Aquino, que procurava apoiar a fé na razão.

pela escolástica[c]. Manacorda (1997) reúne trechos de documentos da Igreja daquela época, que ilustram diferentes posicionamentos, desde a proibição do uso de material que não fosse o bíblico-cristão até alguma flexibilidade no uso de textos seculares, como nos exemplos que o autor cita (1997, p. 124):

> *Ficamos sabendo, e não podemos lembrar isso sem sentir vergonha, que a tua fraternidade ensina a alguns a gramática; isso é muito grave, porque os louvores de Cristo não podem estar na mesma boca com os louvores de Júpiter [Papa Gregório I, século VI].*
> [...]
> *As artes liberais devem ser aprendidas somente para poder, graças aos ensinamentos nelas contidos, entender mais profundamente as palavras divinas [Cassiodoro, século VI].*

A gramática e as artes liberais, bem como a menção a Júpiter, são referências derivadas da cultura clássica grega, ou do mundo helênico-romano[d]. Nesse momento, a cultura "medieval e cristã [...] herda, queira ou não, junto com a língua latina, infinitas reminiscências das tradições clássicas" (Manacorda, 1997, p. 125), porém, ocorreu,

> [d] Sugerimos a leitura do capítulo *Legados educacionais da história da educação ocidental*, de Pykosz e Valério (2008).

por parte da Igreja católica, a tentativa de manter somente os aspectos formais dessa herança. O termo *liberalis*, em relação às sete artes liberais, foi substituído por *líber* (livro). Dessas artes, divididas em *Trivium* (gramática, retórica e dialética) e *Quadrivium* (aritmética, música, geometria e astronomia), somente o primeiro bloco foi enfatizado pela Igreja, possivelmente por o *trivium* se relacionar mais "com os instrumentos analíticos do pensamento e suas regras, enquanto o *quadrivium* se referia ao conhecimento das coisas do mundo" (Veiga, 2007, p. 20).

De acordo com Petitat (1994, p. 66), para além das iniciativas educacionais e escolares que se desenvolvem nesse período, precisamos reconhecer que "a forma dominante de transmissão e de imposição dos conhecimentos e dos valores [...], que se incorpora aos costumes e ritos, à divisão de tarefas e à tradição, e que suplanta a escrita por longa margem", é a transmissão oral. Esta permeava, por exemplo, distintas trajetórias das mulheres, de acordo com a classe social, e a educação cavalheiresca, destinada aos homens nobres, e que de uma ênfase guerreira vai aos poucos agregando conhecimentos mais refinados, como regras de etiqueta da corte, dança, canto e latim.

Nesse contexto, enquanto havia raras escolas, o aprendizado direto era a forma mais comum de transmissão de conhecimento. Isso ocorria, por exemplo, nas comunidades profissionais, como as corporações de ofício: o "aprendiz é admitido através de um contrato entre o mestre e seu pai ou tutor" (Petitat, 1994, p. 51), e nesse contrato eram estabelecidas as condições e responsabilidades, como o preço do ensino, o prazo, e deveres de ambos – mestre e aprendiz. Esse era um tipo de relação de aprendizagem com base na transmissão oral e na prática.

No aspecto mais formal, desde o século VI a Igreja encorajava a criação e manutenção de escolas vinculadas a paróquias, monastérios e catedrais, constituindo uma "cultura escolar cristã" (Petitat, 1994, p. 54). De início, eram voltadas para a formação de futuros religiosos, e aos poucos passaram a receber outras crianças. As escolas elementares eram esparsas, precárias, e gradualmente aumentaram em quantidade, quanto mais próximas das cidades, em especial as comerciais. Essa expansão ocorreu de forma significativa, relacionada ao renascimento urbano iniciado nos séculos XI e XII no Ocidente e de diferentes formas, em países e cidades distintos.

Parte das disparidades nos tipos de iniciativas de escolarização se deu em função de especificidades locais. Mas podemos pensar que também se relacionavam ao reconhecimento de que as escolas elementares religiosas latinas, com seu currículo voltado ao "ensino literário e erudito", não serviam para as necessidades do mundo urbano e comercial em desenvolvimento, que exigia conhecimentos como a "leitura, a escrita, o cálculo e rudimentos do latim" e considerava inútil qualquer outro tipo de conteúdo (Petitat, 1994, p. 55). O ensino comercial também foi abordado por Petitat (1994), que mostra como na cidade de Florença, e em outras da Itália, desde o início do século XIV, havia "escolas elementares privadas e municipais" (p. 57) e cursos comerciais, que complementavam o aprendizado elementar da leitura e da escrita.

A escola elementar aos poucos saiu do controle direto da Igreja Católica. Inicialmente, essa instituição era a responsável pela autorização de criação de escolas fora dos espaços religiosos e pelo controle das licenças dos mestres. Gradativamente, em parte devido ao aumento do número de alunos e aos questionamentos feitos a esse controle, vão sendo buscados caminhos diversos, como as corporações universitárias. Sobre a origem das universidades, no final do século XII e início do XIII, Oliveira (2007, p. 120) afirma que:

> Os estudiosos são unânimes em afirmar que diversos acontecimentos interferiram e estimularam o nascimento dessas instituições, como o renascimento das cidades, o desenvolvimento das corporações de ofícios, o florescimento do comércio, o aparecimento do mercador. [...] Contudo, a disputa pelo poder entre a realeza e o papado, que reivindicavam o governo da sociedade, influenciou sobremaneira o surgimento das universidades. No início do século XIII, o papa e os príncipes encaravam essas instituições como importantes

> *pontos de apoio político e cultural. Em função disso, editaram leis e bulas com o objetivo de instituí-las, protegê-las e nelas intervir, tanto no ensino como nas relações entre estudantes e mestres e entre estes e a comunidade.*

Podemos observar nesse momento um movimento com várias dimensões:

- o contexto social, político e econômico gerando novas necessidades e respostas, como instituições educacionais;

- instituições e práticas educacionais sendo transformadas ou criadas como novas respostas;

- instituições contribuindo para o reordenamento cultural e político do ocidente.

Desse múltiplo processo resultaram rupturas, transformações, mudanças e adaptações em relação a instituições e práticas, nesse caso, educativas.

Na Idade Média, a oralidade e a memorização foram utilizadas como bases para o aprendizado escolarizado, em vários dos níveis e modalidades já mencionados. Disso decorria a compreensão de que o aluno tinha aprendido quando sabia repetir o que determinado autor disse sobre o assunto, em certa obra. Também, a oralidade e a memorização eram esperadas e utilizadas pelos mestres, que tinham os livros como importantes referências,

> Todas essas características reunidas configuram uma "cultura geral laboriosamente adquirida [na qual o] método, a organização, o controle físico, o tempo de trabalho são tão importantes quanto os conteúdos incutidos" (Petitat, 1994, p. 93).

mas deviam conhecê-los e expô-los sem usar registros escritos. Essas práticas eram características do método escolástico.

Esse método e o panorama educacional constituído na Idade Média tiveram profundo significado para o Renascimento, mais marcado a partir do século XV, tanto no âmbito cultural como no social, no político e no econômico. Desse período podemos destacar algumas características principais:

- uma forte crítica aos valores medievais;
- a busca do poder da razão;
- a crítica e a liberdade preconizadas contra a autoridade;
- a crescente retomada e valorização da cultura greco-romana;
- o enriquecimento da arte e da cultura;
- o humanismo, ou seja, a preocupação com a compreensão do homem e de seu papel no mundo, em contraposição às explicações teológicas da Idade Média;
- a ascensão da burguesia;
- invenções significativas, como a bússola e a imprensa;
- grandes transformações econômicas, como o mercantilismo, que vai sendo instituído, e as consequentes viagens marítimas, que levaram ao contato com novas culturas;
- além da Reforma protestante e a Contrarreforma católica.

Mais fortemente, a partir da metade do século XVI, destacamos a criação e rápida multiplicação do número de colégios.

Esse tipo de instituição escolar, em geral associado a entidades religiosas ou a universidades, tem algumas características em comum, nesse momento: "concentração dos cursos dentro dos estabelecimentos, gradação sistemática das matérias, programa centrado no latim e no grego, controle contínuo dos conteúdos adquiridos, supervisão e disciplina" (Petitat, 1994, p. 76), além de permanecer relativamente estável por cerca de dois séculos.

Essa concentração foi uma mudança em relação à prática antes vigente, de os alunos irem até os mestres. Eles passaram a ser reunidos sob um mesmo teto, o que exigiu a sistematização de normas de controle disciplinar, de organização dos conteúdos e matérias ensinadas, de graus e níveis distintos de aprendizagem, que posteriormente foram transformados em séries e classes escolares, de formas e instrumentos de avaliação e seleção; a gradual passagem dos exercícios orais para os escritos, de controle rígido do tempo. Todas essas características reunidas configuram uma "cultura geral laboriosamente adquirida [na qual o] método, a organização, o controle físico, o tempo de trabalho são tão importantes quanto os conteúdos incutidos" (Petitat, 1994, p. 93).

Esse processo foi apoiado e simultaneamente subsidiou a construção de um discurso pedagógico que apregoava a existência de diferentes níveis de desenvolvimento da criança e do adolescente, contribuindo para a organização hierárquica e paternalista que os colégios passaram a ter.

Embora a escolástica medieval ainda continuasse a exercer forte influência nas instituições educacionais, o humanismo, por meio de literatura a ele relacionada, começou a fazer parte do cotidiano e das matérias escolares. Porém, dentro da organização escolar desse momento, alguns princípios humanistas, como o estímulo à curiosidade e ao senso crítico, acabaram por ser prejudicados, controlados e formatados de acordo com as normas burocráticas e a hierarquia estabelecidas, que permeavam não somente a dimensão pedagógica, mas também a administração das instituições, inclusive universidades. Além disso, a Igreja Católica buscava controlar os livros e a escola, temas abordados no Concílio de Trento (1545-1564), embora em 1515 já houvesse uma orientação do Papa Leão X a respeito desse assunto:

> *Nós, a fim de que aquilo que de bom foi achado para a glória de Deus, o progresso da fé e a difusão das boas artes não se converta para fins contrários e não seja prejudicial à salvação dos fiéis de Cristo, julgamos nosso dever cuidar da impressão dos livros para que, junto às boas sementes, não cresçam também os espinhos, nem aos remédios se misturem os venenos [...]. Ninguém [...] presuma imprimir ou mandar imprimir algum livro ou qualquer outro escrito, que antes não tenha sido diligentemente examinado [...] e aprovado pelo nosso vigário ou por um bispo ou por outro que tenha competência sobre o assunto do livro [...] ou por um inquisidor da maldade herética. Ora, se alguém presumir o contrário, além de perder os livros impressos e vê-los queimar publicamente [...] incorre na sentença de excomunhão.* (citado por Manacorda, 1997, p. 200-201)

O movimento de Reforma protestante teve início no século XVI, com Lutero e Calvino. A Reforma não envolvia somente a questão religiosa, uma vez que o poder político ainda era fortemente ligado à Igreja Católica. Nesse sentido, a perda de fiéis implicava prejuízos religiosos, econômicos e políticos. A Igreja Católica reagiu com a Contrarreforma, estabelecendo ações como a condenação do protestantismo, a publicação do *Index* (relação de livros proibidos) e a criação da Companhia de Jesus. Essa ordem religiosa tinha, entre suas atribuições, impedir a propagação do protestantismo e converter pagãos ao catolicismo.

Os colégios foram desenvolvidos tanto pelos reformadores protestantes como pelos católicos, em especial os jesuítas, inclusive como estratégia para a conquista e manutenção de fiéis. De acordo com Petitat (1994), mesmo antes do século XVI a Igreja Católica havia manifestado o desejo de expansão do número de escolas primárias, visando a uma catequese mais aprofundada. Por sua vez, Lutero defendia o acesso de todos os fiéis à leitura da Bíblia, e a traduziu do latim para o alemão. Dessa forma, havia elementos favoráveis para a expansão da escola elementar, e a disputa estabelecida entre católicos e protestantes contribuiu para que isso ocorresse, em especial a partir da segunda metade do século XVI.

Podemos identificar semelhanças e diferenças entre as instituições escolares protestantes e católicas. Eram diferentes, por exemplo, em relação aos recursos e estrutura – os colégios protestantes, em geral, eram mais precários e rejeitavam o modelo de internato; e aos conteúdos e obras utilizadas – nos colégios protestantes a Bíblia era mais diretamente utilizada, havia maior variedade de autores e obras e de outras línguas além do latim. Por outro lado, elas eram próximas em relação à organização hierárquica; às normas disciplinares; ao reconhecimento de necessidades específicas de crianças e adolescentes; à dependência de autorização dos estados para seu funcionamento; ao diálogo seletivo com o humanismo; a restringir aos filhos de nobres e burgueses os ensinos superiores; entre outros.

> Os colégios foram desenvolvidos tanto pelos reformadores protestantes como pelos católicos, em especial os jesuítas.

> **pare e pense**
>
> Devido à influência significativa da educação jesuítica no Brasil, é importante caracterizarmos suas práticas como o "espírito metódico e quase militar que anima a Companhia de Jesus, impregna sua pedagogia e guia a sua estratégia de implantação" (Petitat, 1994, p. 81), e a codificação de um manual de referência, o *Ratio Studiorum*, publicado em 1599. Em relação aos conteúdos, a prática jesuítica excluía dos livros elementos que pudessem trazer contradições ou questionamentos em relação à fé católica. Para estimular a assiduidade dos alunos, utilizavam estratégias de punição, recompensa e competição entre classes, além de normas organizacionais e disciplinares. Nesse sentido, a formação almejada e ofertada pelos jesuítas visava não somente à escolarização, mas também à doutrinação católica e comportamental.

2.2
A ação jesuítica no Brasil no século XVI

A fim de compreender as ações educativas dos jesuítas no Brasil, devemos lembrar que a Companhia de Jesus surgiu no contexto do século XVI, como uma das iniciativas católicas da Contrarreforma, como destaca Ferreira Júnior (2007, p. 9):

> *Canonizada pelo Papa Paulo III, por meio da Bula Regimini Militantis Ecclesiae (1540), a Ordem religiosa criada por Inácio de Loyola nasceu para apostolar no mundo secular com três objetivos muito bem definidos: defender o Papa, reconverter os cristãos, particularmente*

os reformados, e evangelizar os chamados "povos bárbaros" que habitavam os outros continentes. Foi assim, movidos por esses princípios militantes, que os padres jesuítas desembarcaram no mundo colonial ibérico.

> e
> Esse cuidado é válido para quaisquer eventos, instituições ou personagens históricos.

Necessitamos considerar esse contexto para não incorrermos em anacronismo, ou seja, para não estabelecer julgamentos de valor – a partir dos valores que temos hoje – sobre as práticas desenvolvidas pelos jesuítas[e].

Por exemplo: embora reconhecidamente houvesse interesses econômicos exploratórios por parte de Portugal em relação à colônia brasileira, e os jesuítas tivessem como missão ações em parte compatíveis com esses interesses, por outro lado havia de fato na época a compreensão de que povos como os indígenas brasileiros eram atrasados e selvagens, se comparados ao ideal de civilização europeu. Isso acabou por mover uma ação educativa e catequizadora compreendida por muitos como legítima, uma missão que permitiria levar civilização e Deus, e portanto, salvação, para outros povos. Simultaneamente, atingiu outro objetivo, mais amplo e político: ampliar o número de cristãos católicos no mundo, e assim, a influência e o poder da Igreja[f].

> f
> A questão é complexa, mas a ressalva é importante: atualmente, reconhecemos que existem culturas e sociedades distintas, com trajetórias históricas e especificidades. Não devemos compreender a discussão sobre anacronismo como uma tentativa de justificação de atos e práticas exploratórios, mas como oportunidade de refletirmos sobre o que, em dado contexto, levou ou permitiu que tais ações fossem desenvolvidas, aceitas e legitimadas social e politicamente, a partir dos valores e instituições da época.

De acordo com Veiga (2007, p. 51), para compreendermos a ação educativa jesuítica no Brasil colonial é fundamental refletirmos sobre um modelo que:

> *era lusitano e expressava valores e conteúdos vigentes em Portugal, ainda que aplicados no Brasil. [...]*
>
> *As características da Educação colonial estiveram associadas às mudanças religiosas da época, às discussões humanistas e científicas, às organizações políticas das monarquias absolutistas, à expansão da burguesia mercantilista e à composição Igreja-Estado. Apesar da característica universalista de sua doutrinação religiosa, a ação católica associou-se aos interesses políticos e econômicos dos colonizadores portugueses.*

Assim, é possível perceber que a educação jesuítica no Brasil não foi simplesmente um reflexo da expansão ultramarina.

O Concílio de Trento, realizado entre 1545 e 1563, marcou muitas ideias e valores que orientaram a política colonizadora portuguesa, uma vez que estabeleceu a reação mais forte da Igreja Católica em relação à Reforma protestante. Em Portugal, a adesão à orientação da Igreja Católica foi significativa, desde a realeza, que apoiou inclusive a ação da Inquisição, à Universidade de Coimbra, cujos professores aderiram aos princípios estabelecidos no Concílio.

Apesar de identificarmos interesses comuns e convergências de motivações entre a Coroa portuguesa e a Companhia de Jesus, na colônia as ações e relações nem sempre foram pacíficas, mesmo entre portugueses e jesuítas: o convívio entre gentios e portugueses, e entre eles e os jesuítas, via de regra, era permeado por conflitos. Os colonizadores estavam em constante guerra com indígenas, aliando-se a alguns, estimulando o conflito entre outros, o que fazia da guerra um estado constante, em especial no início da colonização.

Os jesuítas acompanhavam as expedições portuguesas, "ainda que para tentar, com boas palavras, trazer os índios para o serviço dos portugueses" (Paiva, 2000, p. 47), e quando nos colégios – situados em/ou construídos como fortificações – buscavam não se abalar, desenvolvendo o currículo e a disciplina como se a realidade extramuros não os abalasse. O mundo exterior era compreendido como permeado de pecados e, nesse sentido, era preciso "treinar as pessoas a agir de acordo com o plano divino. O proposto pela pedagogia jesuítica era a prática das virtudes, o amor nas virtudes sólidas" (Paiva, 2000, p. 50), ou seja, a fuga do pecado, a penitência, a severidade e observância das leis, a disciplina para a virtude, e nesse sentido as formalidades religiosas permeavam as práticas pedagógicas. No extramuros, além dos pecados, encontramos um dos focos principais de discordância e conflitos entre os jesuítas e os fazendeiros portugueses: a escravização dos indígenas, que eram defendidos pelos religiosos.

Na segunda metade do século XVI, os jesuítas, liderados por Nóbrega, organizavam-se em "duas 'instituições' educacionais: as casas de bê-á-bá, voltadas particularmente para as crianças indígenas e mamelucas, e alguns colégios, cujos alunos eram os chamados 'internos' [futuros padres da Ordem] e 'externos', os filhos dos colonizadores portugueses" (Ferreira Júnior; Bittar, 2007, p. 34). As práticas pedagógicas e a organização dessas instituições não foram estáticas nem livres de conflitos. De acordo com os autores, podemos dividi-las em três fases, neste século:

- de 1549 a 1556 – basicamente focada na catequização, em especial de crianças indígenas, e na adaptação dos jesuítas a essa nova realidade, inclusive quanto à língua tupi, que foi traduzida por eles;
- de 1556 a 1570 – todos os jesuítas tinham acesso às constituições, documentos orientadores dos preceitos educativos da Companhia de Jesus, e uma versão inicial do *Ratio Studiorum*;

- de 1570 a 1599 – à medida que os indígenas do litoral vão sendo dizimados e o modelo colonizador de monocultura, latifúndio e trabalho escravo era estabelecido, diminuiu o número de casas de bê-á-bá e aumentou o de colégios.

Em relação às casas de bê-á-bá, há uma descrição que Nóbrega faz, citado por Ferreira Júnior e Bittar (2007, p. 40-41), ressaltando sua precariedade e multifuncionalidade:

[...] huma casa grande de setenta e nove palmos de comprimento e vinte e nove de largo. Fizemos nela as seguintes repartições, [...] hum estudo e hum dormitorio e hum corredor, e huma sacristia por rezão que outra casa que está no mesmo andar e da mesma grandura nos serve de ygreja [...]. Neste dormitorio dormimos todos asi Padres como Irmãos asaz apertados. Fizemos huma cozinha e hum refeitorio e huma despensa que serve a nós e aos moços. Da outra parte está outro lanço de casas da mesma compridão, e huma delas dormem os moços, em outra se lee gramatica, em outra se ensina a ler e escrever; todas estas casas asy humas como outras são térreas [...].

Podemos destacar ainda o relato de Anchieta (1556), também citado por Ferreira Júnior e Bittar (2007, p. 42), sobre as práticas educativas desenvolvidas nessas casas:

Expliquei suficientemente na carta anterior como se faz a doutrina dos meninos: quase todos vêm duas vezes por dia à escola, sobretudo de manhã; pois de tarde todos se dão à caça ou à pesca para procurarem o sustento; se não trabalham, não comem. Mas o principal cuidado que temos deles está em lhes declararmos os rudimentos da fé, sem descuidar o ensino das letras; estimam-no tanto que, se não fosse esta atracção, talvez nem os pudéssemos levar a mais nada. Dão conta das coisas da fé por um formulário de perguntas, e alguns mesmo sem ele. Muitos confessaram-se este ano, e fizeram-no em muitas outras ocasiões do que não tivemos pouca alegria; pois alguns confessam-se com tal pureza e

> *distinção, e sem deixarem sequer as mais mínimas coisas, que facilmente deixam atrás os filhos dos cristãos: recomendando-lhes eu que se preparassem para este sacramento, disse um: é tão grande a força da confissão que, a seguir a ela, nos parece que queremos voar para o céu com grande velocidade.*

Por meio desses dois extratos de documentos, percebemos obstáculos e progressos no estabelecimento da ação jesuítica no Brasil, devido à precariedade e dificuldade dos recursos, mas também como, apesar disso, eles desenvolveram uma ação educativa que não dissociava o aprendizado das letras, da catequização, nesse momento mais voltado para as crianças indígenas. Algumas formas de catequese utilizadas pelos jesuítas eram pregações coletivas; rituais de batismo e comunhão; e procissões. Além disso, havia "a música, o canto, a dança e a arte dramática" (Veiga, 2007, p. 61), considerados a principal estratégia para cativar os indígenas e aproximá-los da doutrina cristã.

Em 1584 havia três colégios, situados na Bahia, no Rio de Janeiro e em Pernambuco, organizados a partir de casas de bê-á-bá que foram mantidas de forma integrada. A partir de informações de Anchieta sobre o colégio da Bahia[g], verificamos sua infraestrutura: havia uma dotação de 3 mil ducados, o trabalho escravo de "150 negros desafricanizados (homens e mulheres) e de alguns índios e índias", além de 31 jesuítas, dos quais 10 eram professores, a saber: "4 professores de 4 votos (Castidade, Pobreza, Obediência e Servir diretamente ao papa); 5 mestres – 1 de Teologia da Consciência, 2 de Filosofia e 2 de Latinidade (gramática); e 1 mestre de bê-á-bá" (Ferreira Júnior; Bittar, 2007, p. 46). Podemos verificar a estrutura e o funcionamento do ensino nos colégios na Figura 2.1.

[g] Em relação aos outros dois colégios, também são relatados recursos financeiros, gado e as atividades de uma fazenda.

Apesar dos esforços educativos dos jesuítas, e do pacto colonial prever a continuidade de estudos na Universidade de Coimbra (também proibia a existência de estudos superiores para carreiras liberais na colônia brasileira), os alunos formados na colônia precisavam prestar exames de equivalência em Portugal, antes de ingressarem na universidade (Veiga, 2007, p. 63). Porém, a grande maioria dos estudantes não atingia ou almejava esse nível, voltando-se para a formação básica.

Figura 2.1 – Estrutura do ensino em colégios jesuítas: século XVI

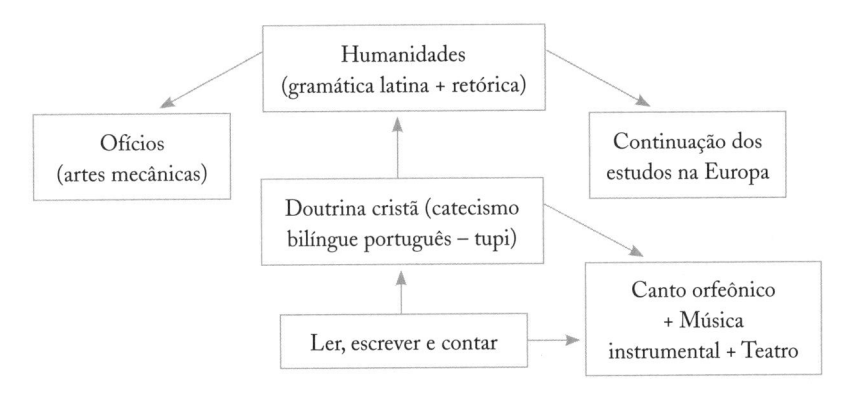

```
                    Humanidades
                (gramática latina + retórica)
                ↗           ↑           ↘
        Ofícios                          Continuação dos
   (artes mecânicas)                     estudos na Europa
                        Doutrina cristã (catecismo
                        bilíngue português – tupi)
                                ↑                ↘
                                              Canto orfeônico
                                                + Música
                    Ler, escrever e contar   instrumental + Teatro
```

Fonte: Ferreira Júnior e Bittar, 2007, p.51

Mais sistematizados com o *Ratio Studiorum*, o número de colégios aumentou e seminários específicos para a carreira eclesiástica foram criados. Como ressalta Paiva (2005), os princípios educativos presentes nesse documento, embora relacionados à Igreja e à Companhia de Jesus, perpassavam e eram legitimados pela sociedade portuguesa e orientavam para a formação de bons costumes e da fé católica, considerando "Deus, a referência; os bons costumes, o sinal de fidelidade" (p. 85).

Tais princípios permeavam a organização e as práticas educativas nos colégios e seminários dos jesuítas, destacando primeiramente a "glória de Deus, em função do que se aparelha toda a instituição: organização, regimento, disciplinas, práticas, valores, etc." (Paiva, 2005, p. 85). Buscavam a formação virtuosa, com base na religião, o que orientava quaisquer ações e normas ali estabelecidas. Assim, o ensino das letras também era voltado para essa finalidade formativa, priorizando-se a virtude e depois a ciência – mesmo para os alunos que não visavam ao sacerdócio.

Havia diretrizes comportamentais estabelecidas para os externos aos colégios e seminários e, em relação aos jesuítas, aos professores e aos alunos que se preparavam para o sacerdócio, a cobrança e a vigilância se tornavam mais rigorosas. As virtudes, a disciplina, as obrigações religiosas – como orações, confissões, assistência às missas –, eram insistentemente reiteradas no cotidiano, perpassando a organização hierárquica, as normas disciplinares e as ideias e práticas pedagógicas.

Por mais de dois séculos a educação jesuítica predominou na colônia, uma vez que não havia interesse da metrópole em criar um sistema educacional no Brasil. Aos poucos, porém, os jesuítas começaram a ser vistos como um incômodo para Portugal, a partir da reflexão e do debate a respeito da educação não religiosa iniciados na Europa.

2.3
Contexto, educação e escolarização
na Europa (séculos XVII e XVIII)

A partir da metade do século XVI, na Europa, podemos identificar algumas mudanças, caracterizando o início do período conhecido como *Renascimento*. Nesse momento, o humanismo começou a ter influência mais significativa nas propostas pedagógicas. Em contraposição à educação letrada e marcada pela ação e pelos conhecimentos religiosos, alguns educadores e pensadores que se destacaram nesse século[h] enfatizaram mais a prática, incluindo os cuidados e a valorização do corpo e métodos mais agradáveis de ensino.

> h
> Como Juan Luís Vives, François Rabelais e Michel de Montaigne.

A partir do século XVII, o capitalismo começou a ser instaurado (com a instalação de fábricas e o surgimento de uma massa assalariada), a burguesia se fortaleceu e o Absolutismo predominava. As ideias voltaram-se ao racionalismo e ao renascimento científico, o que levou pedagogos a buscarem métodos de ensino eficientes, em especial a partir da experiência e da realidade dos alunos, relacionados com a vida prática, o que é chamado de *realismo*. Ao contrário da educação formal e letrada, a nova educação deveria voltar-se para outros aspectos, como ressalta Veiga (2007, p. 38):

> *[...] desenvolve-se uma preocupação com as distinções para a Educação das crianças – ou pelo menos dos filhos dos burgueses e aristocratas. A ótica individualista e a constituição de novas sociabilidades favorecem o afeto e o cuidado com a infância, o que se expressa, por exemplo, num maior empenho em planejar o futuro profissional dos filhos, seja para assumir cargos administrativos, para seguir uma profissão autônoma ou continuar os negócios da família.*
> *Surge e se multiplica uma literatura específica para instruir os pais sobre como cuidar dos filhos, evitando ao mesmo tempo práticas violentas e atitudes de excessiva condescendência. A ênfase recai na formação moral, na cultura geral, nas regras de comportamento e nos comedimentos necessários para a vida em sociedade.*

O desafio que se colocavam os pedagogos era encontrar e propor um método de ensino que atendesse às novas exigências, próprias daquele contexto. Destacamos nesse período Jan Comenius (1592-1670), considerado à época um dos principais representantes dos ideais para a educação. Em seu livro *Didática magna* (1657), propunha um método ideal para o ensino, conforme a citação abaixo:

> *Didática Magna: Que mostra a arte universal de ensinar tudo a todos, ou seja, o modo certo e excelente para criar em todas as comunidades, cidades ou vilarejos de qualquer reino cristão escolas tais que a juventude dos dois sexos, sem excluir ninguém, possa receber uma formação em letras, ser aprimorada nos costumes, educada para a piedade e, assim, nos anos da primeira juventude, receba a instrução sobre tudo o que é da vida presente e futura, de maneira sintética, agradável e sólida. [...]; o caminho, enfim, fácil e seguro, é mostrado para pôr essas coisas em prática com bom êxito.* (Comenius, 2002, p. 11)

O século seguinte foi marcado, na Europa, pelos movimentos que culminaram nas Revoluções – Francesa e Industrial –, bem como pelas ideias políticas e econômicas que as envolveram e seus efeitos – que se desdobraram para o século XIX. Nesse contexto ocorrem:

- o fortalecimento do nacionalismo;
- a revolução das formas de produção industrial e agrícola, dos transportes e das novas fontes de energia;
- a urbanização crescente, a ascensão da burguesia e o surgimento do proletariado;
- as ideias iluministas.

Até então, no "Antigo Regime, o Estado, a princípio, domina o ensino através de autorizações para a abertura de escolas [...], mas não chega a formar um corpo administrativo encarregado de exercer plenamente as suas prerrogativas." (Petitat, 1994, p. 141). Isso porque embora os Estados tivessem esse controle, ainda eram entidades, principalmente religiosas, as responsáveis pelo ensino, bastante restrito e excludente em relação à população mais carente.

Aos poucos esse panorama foi modificado. O surgimento e organização dos Estados-nações, iniciado no século XVIII, teve profundo impacto na questão da educação e escolarização na Europa, devido a um aparente paradoxo: o pensamento liberal, predominante nesse momento, propunha a menor responsabilização do Estado face à regulação da economia, considerando que ocorreria necessariamente um equilíbrio entre oferta, demanda e consumo, seja qual fosse o produto. A oferta de escolarização nesse momento foi permeada por iniciativas particulares, o que pressupunha que também ocorreria um equilíbrio, sem necessidade de ação estatal.

Porém, a proposição era diferente para a educação escolarizada, em especial quando associada ao panorama político da época: a constituição dos Estados-nações exigia a criação – ou fortalecimento – de uma identidade nacional, com certo grau de homogeneização de conhecimentos, valores e princípios, fundamentais para seu estabelecimento. As iniciativas particulares até então desenvolvidas não tinham comprometimento nacionalista, e passaram a ser questionadas e mesmo combatidas[i]. A instrução pública "representará então a parte essencial da ação persuasiva e preventiva do Estado" (Petitat, 1994, p. 143), ou seja, como instituição fundamental para a manutenção da ordem, uma vez que a ignorância de certos valores e princípios poderia ser fonte de instabilidade política e social.

Os objetivos e o panorama que mencionamos contribuíram para uma gradativa atuação dos estados na educação, assumindo

---

[i] Não tinham comprometimento porque sua finalidade era religiosa, e porque o nacionalismo não era uma questão existente até então, nos âmbitos político e educacional. Um dos resultados desse questionamento foi a expulsão dos jesuítas do Brasil, o que será abordado adiante.

responsabilidades quanto à instrução elementar universal gratuita, leiga e obrigatória. Se ocorreu a expansão do número de vagas a uma população até então excluída, também houve a manutenção da distância social, por meio da própria escola. Isso devido à distinção de acesso do ensino: em geral, o elementar (ler e escrever) mais popularizado, e o secundário e superior (formação clássica e propedêutica) para uma minoria privilegiada. Porém, não devemos entender esse investimento como benefício puro e simples, concedido pelo Estado. Havia interesses econômicos e políticos, como a manutenção da ordem social, a formação de mão de obra e a consciência ou identidade nacional patriótica por trás desse processo. Sobre este último, um trecho da obra *Considerações sobre o governo da Polônia*, de J. J. Rousseau (1791), citado por Petitat (1994, p. 142), é bastante ilustrativo:

> *É a Educação que deve dar às almas sua forma nacional e dirigir de tal forma as suas opiniões e os seus gostos que elas deverão ser patriotas por inclinação, por paixão, por necessidade. Uma criança, ao abrir os olhos, deve ver a pátria, e até a morte, nada deve ver além dela. [...] Aos vinte anos, um polonês não deve ser outro homem; ele deve ser um polonês. Quero que, ao aprender a ler, ele leia sobre coisas do seu país, que aos dez anos ele conheça tudo que o país produz, aos doze todas as províncias, todos os caminhos e todas as cidades; que aos quinze ele saiba toda a sua história, aos dezesseis todas as leis, e que não tenha havido em toda a Polônia uma bela ação ou um homem ilustre que ele não tenha na memória e no coração. [...] Daí, poderemos depreender que não serão estudos comuns dirigidos por estrangeiros ou por padres que eu desejo oferecer às crianças. A lei deve regulamentar a matéria e a forma de seus estudos. Elas não devem ter como professores senão poloneses [...].*

Podemos observar vários princípios que orientaram a partir desse período a instrução pública: a laicidade, a formação nacionalista e também a reorganização curricular, uma vez que a formação do cidadão passou a ser preocupação essencial[j]. Também devemos considerar o investimento necessário em diversos âmbitos, como administrativo, de infraestrutura, de organização do sistema educacional, dos currículos e das normas de funcionamento das escolas e de formação de professores, para que cada Estado pudesse assumir a responsabilidade pela instrução. Finalmente, não podemos desconsiderar os embates que tal processo envolveu entre os Estados e as entidades religiosas, como a expulsão dos jesuítas em 1759, que marcou o início das reformas educativas em Portugal.

[j] Um exemplo desse objetivo foi a disciplina escolar de História, que começou a ser sistematizada a partir de então, em conformidade aos objetivos dessa escola: a história da nação, dos heróis, dos grandes feitos.

2.4
A ação jesuítica no Brasil nos séculos XVII e XVIII

Enquanto o processo de constituição dos Estados-nações e de estatização da instrução pública ocorria na Europa, Portugal entrou em declínio econômico, e procurou manter maior domínio sobre a colônia brasileira, dela retirando todos os recursos e riquezas possíveis. No Brasil, a produção açucareira havia perdido um pouco de sua importância diante da concorrência de outros países. No final do século XVII, a exploração de minas de ouro deslocara o centro econômico da colônia para o Sudeste e o Sul. Essa mudança contribuiu para o surgimento de novas vilas e cidades, o aumento do número de pessoas no meio urbano, e a formação de rotas de comércio. Consequentemente, houve uma flexibilização nos valores vigentes e uma relativa mobilidade social, devido à confluência de pessoas de diferentes regiões e culturas.

A pressão portuguesa por maior arrecadação aumentou, simultaneamente à diminuição na quantidade de ouro explorado nas minas, na segunda metade do século XVIII. Esses fatores, aliados às ideias liberais provindas da Europa, contribuíram para o surgimento de movimentos contestatórios, como a Conjuração Baiana e a Inconfidência Mineira, dos quais decorreu um controle ainda mais rígido de Portugal sobre a colônia.

Por sua vez, a ação educativa dos jesuítas havia sido muito expandida, constituindo praticamente o único esforço de escolarização no Brasil. Além das ações educacionais, o poder e a influência dos jesuítas haviam crescido muito, nesses dois séculos de atividades. Em 1759, o Marquês de Pombal, que promovia a reorganização da administração de Portugal, expulsou os jesuítas, resultando em um significativo impacto para o Brasil, como ressalta Azevedo (1963, p. 539):

> *Para se avaliar a profundidade desse golpe para Portugal e especialmente para o Brasil, bastará lembrar ainda uma vez que, no momento de sua expulsão, possuíam os jesuítas só no Reino 24 colégios, além de 17 casas de residência, e na Colônia, 25 residências, 36 missões e 17 colégios e seminários, sem contar os seminários menores e as escolas de ler e escrever, instaladas em quase todas as aldeias e povoações onde existiam casas da Companhia.*

Se compararmos o Brasil e a ação jesuítica nos séculos XVI ao XVIII, alguns dados evidenciam as significativas mudanças ocorridas: de acordo com Veiga (2007, p. 55-56), em 1549 chegaram à colônia 5 ou 6 padres, enquanto em 1759 haviam 510 jesuítas; em 1583, a população foi estimada em cerca de 57 mil habitantes, e no final do século XVIII, entre 3 e 4 milhões; a população indígena passou de cerca de 5 milhões em 1500, para 800 mil no início do século XIX. Podemos observar a grande expansão demográfica de um lado, simultânea à dizimação dos indígenas, enquanto o número de jesuítas auxilia a compreender a importância das iniciativas educacionais desenvolvidas pela Companhia de Jesus no Brasil.

2.5
Reformas pombalinas e escolarização no Brasil

As reformas pombalinas no âmbito educacional foram grandemente orientadas pelo pensamento iluminista e por proposições correntes na Europa, que entendiam como função da educação "preparar súditos capazes de identificar e reconhecer como legítimos as leis e os costumes do Estado" (Boto, 2005, p. 162). De acordo com a autora, os esforços desenvolvidos por Pombal visavam também a eliminar resquícios arcaicos dos domínios portugueses e aproximar o reino português de outras nações, consideradas mais avançadas à época. Porém, muitas foram as dificuldades enfrentadas para essa modernização, em especial a falta de recursos humanos e materiais.

Em relação à escolarização no Brasil, a partir de 1759 foram estabelecidas algumas medidas administrativas, como:

Foi criada a Diretoria-Geral de Estudos e o cargo de Diretor de Estudos do Reino e Seus Domínios, que foi ocupado por d. Tomás de Almeida [...] que executou as reformas no Brasil.

> [...] *estabelecia a nova organização dos estudos, o "novo método", o ensino público e gratuito de gramática latina, grego e retórica, a indicação e a proibição de vários compêndios e o impedimento para ensinar sem licença do diretor de Estudos. Determinava ainda que os professores passariam a gozar dos privilégios da "nobreza ordinária" – o que significava distinção social. Em edital com a mesma data, d. Tomás regulamentou a criação e a forma de provimento das cadeiras de ensino.* (Veiga, 2007, p. 134)

Podemos destacar nessas orientações o estabelecimento do sistema de aulas régias, ofertadas pelo Estado e que correspondiam a estudos avulsos ou disciplinas isoladas, ministradas pelo professor nomeado pelo rei; o conteúdo do ensino, voltado para a prática e elementos de gramática; além do detalhamento quanto a horários de aulas, livros, normas disciplinares e didática, entre outros. A definição da função do professor: "educar a mocidade na virtude e preservação da união cristã e da sociedade civil" (Veiga, 2007, p.135), indica que apesar do início de constituição de um Estado laico em Portugal, as relações e a cultura religiosa católica ainda o permeavam.

Sobre as aulas régias, Cardoso (2005) ressalta que em 1759 foi iniciada a Reforma dos Estudos Menores – aulas de ler, escrever e contar, e de humanidades (gramática e línguas). Segundo a autora, nos documentos da época, "Escolas Menores, e de Primeiros Estudos, correspondiam ao ensino primário e ao ensino secundário, sem distinção. Depois de concluídos os Estudos Menores, o estudante habilitava-se a cursar os Estudos Maiores, ou seja, aqueles oferecidos pela universidade" (2005, p. 182).

A implantação dessas diretrizes no Brasil foi mais difícil que na metrópole, devido à escassez de professores, algumas restrições de Portugal, além da resistência da população brasileira, habituada com instituições e práticas jesuíticas. Embora o primeiro concurso público para professores tenha sido realizado em março de 1760, 15 anos depois nenhum professor havia sido contratado. Até 1772, taxas sobre a produção de alguns produtos, como aguardente, mantinham as aulas. Nesse ano foi criado o subsídio literário (que foi extinto em 1835) para a manutenção do ensino elementar e secundário, o que tornava os professores funcionários públicos, uma vez que não seriam mais pagos diretamente por sua clientela. Veiga (2007) ressalta as reclamações dos professores pelos baixos salários, que variavam de acordo com a disciplina ensinada – por exemplo: as aulas de filosofia custavam mais que as de primeiras letras – e com a localidade.

A definição da função do professor: "educar a mocidade na virtude e preservação da união cristã e da sociedade civil" (Veiga, 2007, p.135), indica que apesar do início de constituição de um Estado laico em Portugal, as relações e a cultura religiosa católica ainda o permeavam.

Uma lei promulgada em 6 de novembro de 1772 orientava sobre o financiamento do ensino e relançava a orientação para as aulas régias. Raramente as edificações jesuítas foram utilizadas[k]: a escola era na casa do professor, e a ele cabia providenciar o material a ser utilizado. Nesse momento, o concurso para professor não exigia titulação ou idade mínima, e era constituído de um exame de conhecimento de gramática e de matemática: quando aprovados, os mestres recebiam uma autorização para exercerem a docência.

[k] Cardoso (2005) informa que somente na década de 1870 foram construídas as primeiras edificações escolares públicas no Brasil.

Anexo ao alvará do subsídio literário, um mapeamento trazia o número de aulas e mestres no Brasil, também ilustrando as disciplinas ensinadas:

Quadro 2.1 – Distribuição das Escolas Menores no Brasil, ordenada pela lei de 6 de novembro de 1772

LOCALIDADES	LER, ESCREVER E CONTAR	LATIM	GREGO	RETÓRICA	FILOSOFIA
Rio de Janeiro	2	2	1	1	1
Bahia	4	3	1	1	1
Pernambuco	4	4	1	1	1
Mariana	1	1	-	1	-
São Paulo	1	1	-	1	-
Vila Rica	1	1	-	-	-
São João d'el Rei	1	1	-	-	-
Pará	1	1	-	1	-
Maranhão	1	1	-	-	-
Total geral	17	15	3	6	3

Fonte: Cardoso, 2005, p. 185.

Podemos observar o pequeno número de professores autorizados e compreender os questionamentos a esse novo modelo educacional, ainda mais se esses dados forem comparados com a estrutura, organização e os números das ações jesuíticas quando da sua expulsão. Além disso, a destinação dos estudos é enunciada na lei de 1772:

> *a educação não era obrigatória e [...] seu destino não era a população em geral, partindo o governo do princípio que era "impraticável" montar uma rede escolar que abrangesse todo o território do reino luso e domínios. Portanto, visando ao bem do "interesse público" é que se classificavam os súditos em grupos diversos, ou seja, o governo considerava apenas, nesta Lei, o destino profissional dos estudantes em potencial que seriam beneficiados com o aumento da oferta escolar.*
> (Cardoso, 2005, p. 184)

Nesse caso, haveria súditos para os quais a cultura oral seria suficiente; outros que deveriam receber as noções básicas de ler, escrever e contar, e ainda, um menor número com acesso aos estudos superiores.

Ainda, devemos lembrar que nesse contexto ocorreram movimentos contestatórios, que indicavam certa instabilidade e questionamentos em relação à metrópole e às suas políticas. De certa forma, mudanças mais significativas no campo cultural e educativo da colônia passaram a acontecer a partir do século XIX, mais especificamente com a chegada da família real ao Brasil, em 1808.

2.6
Chegada da família real: política, cultura e instrução no Brasil

No início do século XIX, Napoleão Bonaparte estabeleceu o Bloqueio Continental, ou a proibição dos países do continente de manterem relações comerciais com a Inglaterra. D. João VI, não aderindo a essa determinação e mediante a invasão iminente, fugiu para o Brasil.

> *Entre 25 e 27 de novembro de 1807, cerca de 10 a 15 mil pessoas embarcaram em navios portugueses rumo ao Brasil, sob a proteção da frota inglesa. Todo um aparelho burocrático vinha para a Colônia: ministros, conselheiros, juízes da Corte Suprema, funcionários do Tesouro, patentes do exército e da marinha, membros do alto clero. Seguiam também o tesouro real, os arquivos do governo, uma máquina impressora e várias bibliotecas que seriam a base da Biblioteca Nacional do Rio de Janeiro.* (Fausto, 1999, p. 121)

Com a chegada e o estabelecimento da família real e da corte portuguesa no Brasil, que passou a ser a sede do Reino, ocorreram mudanças no panorama cultural, mais restritas ao município da corte: a abertura dos portos permitiu comércio e intercâmbio, em especial com a Inglaterra; o número de habitantes da capital dobrou durante a permanência de D. João VI no Brasil – de 50 mil para 100 mil pessoas; e a capital tornou-se centro cultural do país, a partir de iniciativas como o Museu Real, bibliotecas, teatros, academias literárias e científicas, e a missão artística francesa (1816), que veio contribuir para a organização da Escola Real de Ciências, Artes e Ofícios.

Parte da ação educativa desse período derivou da necessidade de formação de indivíduos para a administração do Reino, no Rio de Janeiro. Houve a criação de cátedras e instituições culturais e educacionais, com ênfase no ensino superior. Por outro lado, as iniciativas de escolarização primária foram praticamente nulas, limitadas às escolas de ler e escrever e às aulas régias. O subsídio literário ainda vigorava, mas era insuficiente para atender à demanda e aos custos da escolarização primária.

Apesar dessa estagnação, Veiga (2007) ressalta que nesse período ocorreram importantes debates sobre os rumos da instrução pública. A pedido de D. João VI, foi elaborado o *Projeto sobre o estabelecimento e organização da instrução pública no Brasil* (1816), que propunha

> uma ampla reorganização do ensino em quatro graus para a população, independentemente de condição e gênero, para que todos adquirissem os conhecimentos necessários ao desempenho de seus deveres e ao exercício de seus direitos. O ensino seguiria o método simultâneo, e apenas o aprendizado das primeiras letras, de aritmética básica e de doutrina moral seria gratuito.
> [...] Entretanto, d. João VI decidiu-se por um sistema menos dispendioso e mais racional: o ensino mútuo. (Veiga, 2007, p. 142-143)

Esse sistema, conhecido como *método Lancaster*, era praticado em Portugal. Diferente dos métodos de ensino individual e simultâneo, que tinham o professor como agente de ensino, no mútuo "a responsabilidade é dividida entre o professor e os monitores"; todos "os alunos da escola, algumas centenas sob a direção de um só mestre, estão reunidos num vasto local que é dominado pela mesa do professor, esta sobre um estrado. Na sala estão enfileiradas as classes, tendo em cada extremidade o púlpito do monitor e o quadro-negro" (Bastos, 2006, p. 35-36). Os alunos eram classificados de acordo com seu conhecimento, e as atividades de cada classe dirigidas por um monitor; o professor tinha contato direto com os monitores e coordenava e controlava todas as atividades e a organização do tempo.

A presença da corte no Rio de Janeiro contribuiu para uma transição política para a Independência e o Império, sem grandes rupturas, garantindo a unificação do Brasil[1]. Abordaremos as consequências e os desdobramentos dessa transição no próximo capítulo.

[1] Em comparação com processos de independência da América espanhola, mais sangrentos e que levaram à fragmentação do território em várias nações, de certa forma, o que ocorreu no Brasil foi muito mais diplomático, mesmo porque a Inglaterra incentivou e emprestou ao país a indenização de 2 milhões de libras, paga a Portugal em 1825 (Fausto, 1999).

Síntese

Neste capítulo apresentamos o panorama educacional no Brasil Colônia, nos séculos XVI a XVIII e início do XIX, ressaltando as iniciativas e práticas jesuíticas, o contexto mais amplo e debates ocorridos na Europa desse mesmo período, em especial em relação à educação e à escolarização, e algumas mudanças a partir da vinda da família real portuguesa ao Brasil.

Indicações culturais

Filme

AUSTRÁLIA. Direção: Baz Luhrmann. Produção: G. Mac Brown, Catherine Knapman e Baz Luhrmann. EUA: 20th Century Fox Film Corporation, 2008. 165 min.

Embora essa história se passe durante a 2ª Guerra Mundial, sugere-se observar como ainda no século XX existiram relações e domínio coloniais: a compreensão sobre religião e civilização e as ações missionárias. Nesse caso, é possível traçar algumas semelhanças – e diferenças, relativas ao contexto distinto – com a ação colonizadora e jesuítica no Brasil Colônia.

Sites

JESUÍTAS Brasil Nordeste. Disponível em: <http://www.jesuitas.org.br>. Acesso em: 15 jan. 2010.

O *site* disponibiliza informações sobre a Companhia de Jesus e a ação jesuítica, pela própria instituição, que existe e atua ainda hoje no Brasil.

HISTORIANET. Disponível em: <http://www.historianet.com.br>. Acesso em: 15 jan. 2010.

Esse *site* disponibiliza informações sobre história geral e história do Brasil. No caso do período colonial, sugere-se a leitura do tópico "A Sociedade Patriarcal".

FÉLIX, J.; BARROS, S. Modelos de escola na Idade Média e Escolástica. Lisboa, 2002-2003. Disponível em: <http://www.educ.fc.ul.pt/docentes/opombo/hfe/momentos/modelos/index.htm>. Acesso em: 15 jan. 2010.

Nesse *link* são encontradas informações sobre o tema – Escolas na Idade Média – apresentadas de forma didática. São abordadas, por exemplo, as escolas paroquiais, as escolas monásticas e as universidades, cada uma delas com finalidades e públicos distintos. Sugere-se como leitura complementar para melhor compreensão desse contexto histórico, em especial para se ter uma visão mais detalhada da educação escolar medieval, em algumas de suas modalidades.

Atividades de autoavaliação

1. Sobre a educação na Idade Média no Ocidente, assinale a alternativa incorreta:
    a) A Igreja Católica controlava o acesso a referências e obras da cultura greco-romana.
    b) A memorização e a oralidade eram importantes elementos do método escolástico.
    c) As universidades são criadas como instituições autônomas em relação à Igreja.
    d) A educação na Idade Média é indissociável da formação do homem de fé.

2. Sobre características da educação no período renascentista, analise as alternativas a seguir e assinale (F) para as proposições falsas e (V) para as verdadeiras:

( ) A expansão de colégios é prejudicada nesse período devido ao desinteresse dos Estados-nações em assumir a responsabilidade pela educação.

( ) Mudanças no âmbito educacional são decorrentes do novo panorama urbano, comercial e intelectual do Renascimento.

( ) O humanismo substitui a escolástica nas instituições educacionais, em especial nas práticas e conteúdos.

( ) Nesse contexto, começa a haver reconhecimento da infância e da adolescência, e de necessidades específicas a elas.

3. Sobre a Reforma protestante e a Contrarreforma católica, assinale a alternativa incorreta:

    a) Um dos principais elementos da Contrarreforma foi a criação da Companhia de Jesus, com função religiosa e educativa.
    b) O movimento protestante defendia que os fiéis tivessem acesso direto à Bíblia, o que contribuiu para o aumento da demanda pela instrução elementar.
    c) Uma distinção importante entre as escolas católicas e as protestantes era a disciplina rígida, nas primeiras, e uma maior flexibilidade nas normas, nas segundas.
    d) Os movimentos de Reforma protestante e de Contrarreforma católica tiveram desdobramentos nos âmbitos religioso, político e educacional.

4. Os jesuítas exerceram uma hegemonia nas iniciativas educacionais no Brasil, de 1549 a 1759. Sobre suas ações nesse contexto, assinale a alternativa incorreta:

a) Para a catequização dos indígenas os jesuítas buscaram sistematizar a língua tupi e utilizaram práticas como a dança e a música.

b) No século XVI havia muitas casas de bê-a-bá e poucos colégios, que se tornaram mais numerosos nos séculos seguintes.

c) Nas ações jesuíticas a educação é necessariamente articulada à religião e à moral, desde os discursos até os conteúdos e normas disciplinares.

d) Logo após a expulsão dos jesuítas, Portugal implantou o sistema público de ensino no Brasil, nos moldes do que era feito na metrópole.

5. Sobre a constituição dos Estados-Nações em países da Europa, e a educação e escolarização nesse contexto, assinale a alternativa incorreta:

a) Nos séculos XVII e XVIII existiram pedagogos preocupados em propor uma educação mais aproximada da realidade, como Comenius.

b) A discussão sobre a responsabilidade educativa entre entidades religiosas e os estados foi tranquila e consensual, porque havia demanda para todos atenderem.

c) A escolarização, nesse contexto, passa a ser compreendida pelos Estados-nações como instituição fundamental para a criação e fortalecimento da identidade nacional.

d) A expulsão dos jesuítas de Portugal e do Brasil foi consequência do panorama político e intelectual da Europa no século XVIII.

Atividades de aprendizagem

Questões para reflexão

1. Reflita sobre como a relação entre religião e educação foi construída no século XVI, sobre as motivações dos jesuítas e sobre as relações existentes entre os interesses da metrópole portuguesa e os da Companhia de Jesus. Procure compreender o sentido dessas relações, no contexto do século XVI.

2. Neste capítulo, um dos temas que abordamos foi a compreensão de Estados-nações sobre o papel da escola na propagação e homogeneização de conhecimentos e valores, bem como de uma identidade nacional. Reflita: Nos dias atuais você percebe o uso da escola, pelo governo – no caso, brasileiro – para reforçar algum valor, ideia ou sentimento? Se sim, indique quais, e como isso ocorreria no âmbito escolar. E no âmbito local, em uma escola em que você trabalha ou na que estudou? Quais valores e práticas eram/são reforçados – explícita ou sutilmente?

Atividade aplicada: prática

1. Escolha um artigo do Dossiê *Educação jesuítica no mundo colonial ibérico (1549-1768)*[m]. Nele, identifique princípios e práticas que permeavam a educação jesuítica no Brasil Colônia. Relacione-os no quadro a seguir.

[m] FERREIRA JÚNIOR, A. (Org.) Dossiê educação jesuítica no mundo colonial ibérico (1549-1768). Em Aberto, Brasília, v. 21, n. 78, p. 1-172, dez. 2007. Disponível em: <http://www.publicacoes.inep.gov.br/arquivos/%7B2FCF6D7F-6D85-4626-B0A0-A5DD3A1BBD36%7D_miolo_completo_78.pdf>. Acesso em: 15 jan. 2009.

Verifique se há permanências e mudanças em relação aos princípios e práticas educacionais de seu cotidiano. Em seguida, discuta com a turma: O que pode ter contribuído para as permanências identificadas? E para as mudanças? O que permaneceu faz sentido na sociedade e na escola dos dias de hoje? Por quê?

Princípio/prática na educação jesuítica	Permanência(s) em relação à educação escolar atual	Mudança(s) em relação à educação escolar atual

3.

Brasil imperial e Primeira República: princípios de institucionalização do ensino público

Iniciando o diálogo

No século XIX a organização política do Brasil passou por muitas mudanças, marcadas em especial pela chegada da família real, em 1808, pela independência em 1822, com o período imperial, e pela proclamação da República, em 1889, com o debate acerca do Brasil e do povo brasileiro como nação. Nas instruções legais e normativas, a educação e a escola começaram a aparecer, porém na prática as iniciativas foram tímidas, sendo mais elaboradas a partir do início da República.

Neste capítulo, buscamos apresentar relações entre o panorama político, econômico, social e cultural do país e as preocupações e iniciativas de escolarização – propostas ou implantadas, nos períodos que politicamente ficaram marcados como Império e Primeira República. Abordamos ainda o contexto da Europa, quando necessário para a melhor compreensão do que ocorria no Brasil.

3.1.
Contexto europeu no século XIX: ideais pedagógicos e escolarização

No início do século XIX, podemos observar uma Europa ainda marcada por efeitos políticos, econômicos, sociais e intelectuais das Revoluções Francesa e Industrial. Napoleão Bonaparte, em sua guerra contra a Inglaterra, dominava quase toda a Europa ocidental, e impôs o Bloqueio Continental, que contribuiu para a vinda da família real portuguesa para o Brasil.

As iniciativas de ensino, além da influência do contexto do final do século XVIII e início do XIX, também se articularam ao debate a respeito das ciências e da razão, que repercutiu na defesa da educação para a autonomia do pensamento. Nesse período, de acordo com Pykosz e Valério (2008), três pedagogos tiveram destaque: Pestalozzi, Fröebel e Herbart. Embora com preocupações diversas, eles tinham em comum a defesa de uma escola para todos.

> O consenso era de que a educação do povo não poderia ser decidida pelo povo.

O progresso da alfabetização no século XIX, nos países europeus, foi generalizado, e comumente o associamos a índices de urbanização e industrialização. Embora esses dois fatores não sejam totalmente responsáveis pelos avanços nos sistemas de instrução, podemos compreendê-los como decorrência da Revolução Industrial, que contribuiu para a saída da população do campo em direção às cidades, em parte buscando alfabetização, com a expectativa de alguma mobilidade social decorrente dessa instrução (Petitat, 1994).

Apesar de haver processos de escolarização e de sistematização da instrução pública distintos, em diferentes países e regiões, aos poucos o estigma de analfabeto começou a ser uma motivação para que os pais buscassem a instrução escolar para seus filhos. Essa demanda é identificada como:

> *um sinal indiscutível da ascendência da cultura escrita sobre a cultura oral, então em vias de inferiorização.*
>
> *Se o lento crescimento da alfabetização se dá, frequentemente, sob os auspícios de associações beneficentes ou religiosas ou de municipalidades, a generalização da alfabetização ocorre sob a forma de uma intervenção maior ou menor do Estado central. Este organiza, canaliza, controla, imprime finalidades específicas à difusão da cultura escrita elementar, procura responder a uma exigência social geral, acrescentando a esta resposta um projeto de integração social e política.* (Petitat, 1994, p. 152)

Esse projeto estava relacionado à proposta nacionalista e civilizatória característica desse momento, que oscila entre o paternalismo e o desprezo de políticos e intelectuais em relação ao povo, ora compreendido como necessitando de orientação e apoio, ora como ignorante e imoral. O consenso era de que a educação do povo não poderia ser decidida pelo povo. Por exemplo: de acordo com o ministro da Instrução Pública da França no início dos anos de 1830, Guizot, a escolarização era importante "fator de ordem e de moralização pública" e o programa para escolas primárias refletia esse objetivo, contemplando: "instrução moral e religiosa, a leitura, a escrita, os elementos da língua francesa e do cálculo, o sistema legal dos pesos e medidas" (Petitat, p. 154). Tais recursos seriam suficientes para uma homogeneização básica de conhecimentos e valores, mas sem permitir expectativas de mobilidade social ou questionamentos políticos.

De certa forma o processo de expansão da escola, na França, serviu como parâmetro ou ilustração de ideal para outros países, como Portugal. Vieira (2007) apresenta brevemente a trajetória das ações educativas nesse país, a partir da expulsão dos jesuítas e das reformas pombalinas.

Quadro 3.1 – Legislação educacional portuguesa (século XIX)

Ano/período	A legislação determinou:
1822	Criação de escolas de ler, escrever, contar, doutrina religiosa e civil para ambos os sexos.
1826	Gratuidade do ensino.
1835/36	Obrigatoriedade dos pais enviarem à escola os filhos com mais de 7 anos, sob pena de sanções. Regulamentação da criação de escolas normais primárias em alguns distritos e cidades.
1836	Criação de liceus públicos, visando formar quadros administrativos ou preparar para ingresso nos cursos superiores.
1844	Instituiu o ensino primário de primeiro e segundo graus, com currículo mais amplo. Criação de escolas normais femininas.
1852	Organização do ensino agrícola e industrial, subdivididos em três graus: elementar, secundário e suplementar, em Lisboa e no Porto.
1870	Criação do Ministério da Instrução Pública (extinto no mesmo ano). Publicação de um programa para candidatos ao magistério primário, que exigia conhecimento de leis de educação, disciplina escolar, métodos de ensino, escrituração escolar, higiene, metodologia de ensino da leitura e da escrita e outras, como ginástica e canto coral.

(continua)

(Quadro 3.1 – conclusão)

1880	Criação do Curso de Habilitação de Magistério, em liceus, com duração de dois anos e habilitando para o ensino primário de primeiro grau.
1890	Criação do Ministério de Negócios da Instrução Pública e Belas-Artes.
1896	Organização do ensino primário em quatro séries estabelecidas em escolas centrais. Implantação de escolas para crianças de 3 a 6 anos de idade.

Fonte: elaborado a partir de Vieira, 2007, p. 109-113.

> **pare e pense!**
>
> As iniciativas educativas desenvolvidas em Portugal no século XIX não foram lineares e a implantação das determinações legais nem sempre se deu de forma completa ou imediata. Porém, elas indicam tendências e preocupações que perpassavam a administração daquela época, com seus embates e conflitos. Devido às relações existentes entre Portugal e Brasil nesse século, é importante não perdermos de vista este panorama.

3.2
O Período Imperial (1822-1889) e a instrução no Brasil

Podemos compreender o período imperial brasileiro dividido em três fases:

- o Primeiro Reinado (1822-1831), com Dom Pedro I;
- a Regência (1831-1840), na qual políticos foram nomeados como regentes até a maioridade do Imperador;
- o Segundo Reinado (1840-1889), da antecipação da maioridade de Dom Pedro II à proclamação da República.

Muitas tensões políticas, econômicas e sociais, internas e externas ao Brasil, permeiam esse contexto.

Segundo Fausto (1999), a ocupação do território brasileiro, ao final do período colonial, era bastante irregular, e levantamentos feitos pela Coroa comumente excluíam menores de sete anos, indígenas ou escravos. Apesar disso, dados relativos a 1819 informam um total de 3.596.132 habitantes, com maior concentração populacional nas regiões que correspondiam a espaços territoriais em que foram desenvolvidas, de forma significativa, explorações econômicas como a cana-de-açúcar, os minerais preciosos e o café.

Sobre o panorama econômico, esse autor avalia que as diferentes trajetórias da exploração da cana-de-açúcar (em declínio) e do café (em crescimento) impactaram nos âmbitos político e social. Primeiramente, pela mão de obra: a escravidão era contestada pela Inglaterra[a], que pressionava por sua extinção. Por outro lado, quando da Independência, a população livre, de forma geral, estava convencida "de que o fim do tráfico de escravos, a curto prazo, provocaria um colapso na sociedade brasileira" (Fausto, 1999, p. 192), legitimando tanto o trabalho escravo quanto a presença de traficantes e proprietários de escravos na sociedade. Aos poucos, e principalmente a partir da Lei Eusébio de Queirós, em 1850, foram estabelecidos tratados para a gradativa extinção do tráfico de escravos no Brasil, embora nem sempre eles tivessem sido respeitados.

[a] Muitas razões, predominantemente econômicas, levaram a esse questionamento.

Na década de 1870 vários fatores contribuíram para o fim do Império e passagem para a República:

- o ideal republicano começava a se fortalecer, com a organização de partidos; aumentavam as tensões entre a Igreja Católica e o Estado;

- a abolição da escravatura era considerada uma questão de tempo, o que descontentava a muitos;
- o positivismo fora apropriado pelos militares brasileiros, que defendiam uma formação "técnica, pela ciência e pelo desenvolvimento industrial [...] [que] continha uma fórmula de modernização conservadora do país" (Fausto, 1999, p. 232).

3.2.1 Instrução pública no Império

No início do período imperial foi composta uma Assembleia Nacional e Geral Constituinte (1823), que ilustrava as relações de força e tensões existentes no Brasil. De acordo com Chizzotti (2001), essas tensões envolveram partidos, como o partido liberal brasileiro, que defendia o anticolonialismo e reunia comerciantes e proprietários das províncias e comerciantes dos centros urbanos; o partido liberal, de ênfase mais nacionalista e de composição heterogênea em relação à sua formação, com artesãos, serviçais de serviços autorizados e intelectuais; e o partido português ou realista, que defendia o antigo regime colonial e agregava militares, comerciantes e burocratas.

Segundo Chizzotti (2001, p. 30-31), o "problema da instrução pública foi introduzido pelo discurso inaugural da Constituinte, feito por D. Pedro I, que afirmava: 'Tenho promovido os estudos públicos, quanto é possível, porém, necessita-se de uma legislação especial'". Essa promoção pode ser questionada, uma vez que após a Independência a educação ficou praticamente abandonada. Essa Constituinte ficou mais caracterizada por "discursos veementes e oradores esfuziantes sobre a instrução, que [por] diretrizes fundamentais para a Educação nacional. A educação básica ficou absolutamente relegada à iniciativa privada até o Ato Adicional de 1834" (Chizzotti, 2001, p. 50-51).

Segundo a Constituição de 1824[b], a instrução primária era gratuita a todos os cidadãos, mas não garantia a oferta nem indicava de quem seria essa responsabilidade. Veiga (2007) compreende que seriam excluídos da categoria de cidadãos apenas os escravos, porém, de certa forma, a escola pública do Império voltava-se para a população "pobre, negra e mestiça, portadora de 'hábitos e valores rudes', não afeita às normas sociais nem ao cumprimento dos deveres e por isso passível de ser civilizada" (p. 149). As famílias mais abastadas encaminhavam seus filhos a colégios ou professores particulares.

[b] Todas as constituições brasileiras, desde a de 1824 até a de 1988, estão disponíveis no *site*: <http://www.planalto.gov.br/ccivil_03/Constituicao/principal.htm>

Em outubro de 1827, foram estabelecidas diretrizes para a oferta da instrução pública:

> *Além de determinar que "em todas as cidades, villas e logares mais populosos haveriam as escolas de primeiras letras que forem necessárias" (Art. 1º), esta Lei também regulamenta uma série de outras medidas. Contém dispositivos que definem desde o método de ensino a ser adotado – o ensino mútuo (Art. 4º) – até a previsão de formas de provimento de professores (Art. 7º, 8º e 14), ordenados (Art. 3º) e capacitação (Art. 5º). Também apresenta determinações sobre edifícios escolares (Art. 5º), assim como a criação de "escolas de meninas nas cidades e villas mais populosas" (Art. 11) e os respectivos conteúdos do ensino a ministrar em tais instituições (Art. 12).* (Vieira; Farias, 2007, p. 59)

Os conteúdos eram: ler e escrever, noções de gramática e conteúdos de aritmética e geometria, "os princípios da moral cristã e da doutrina da religião católica romana [...]; preferindo para as leituras a Constituição do Império e a História do Brasil (Art. 6º)" (Sucupira, 2001, p. 58). Porém, essa lei teve pouco sucesso em sua implantação, situação essa em geral atribuída aos recursos escassos, aos baixos salários oferecidos, à falta de professores, e ao malogro no sistema de fiscalização, efetuada pelas localidades.

O Ato Adicional de 1834, embora não tratasse especificamente da instrução pública, estabeleceu sua descentralização, ou seja, ela passou a ser responsabilidade das províncias, porém estas tinham baixo poder de investimento. Vieira e Farias (2007, p. 61) ressaltam que "Não havia ainda bases sólidas de uma organização escolar no país. Os esforços eram isolados, e isolados permaneceram", o que foi confirmado por meio de dados oficiais de 1832: havia 180 escolas no Brasil, distribuídas por 9 províncias, sendo que 40 dessas escolas não tinham professor.

> O "problema da instrução pública foi introduzido pelo discurso inaugural da Constituinte, feito por D. Pedro I, que afirmava: 'Tenho promovido os estudos públicos, quanto é possível, porém, necessita-se de uma legislação especial'" (Chizzotti, 2001, p. 30-31).

Em complemento a esse panorama, Sucupira (2001) apresenta um trecho do relatório do Ministério do Império, de 1833, ilustrativo sobre a aplicação do método mútuo: "este método não tem apresentado aqui as vantagens obtidas em outros países; por esta razão o governo está disposto a não multiplicar as escolas onde se ensine por este método, enquanto as existentes se não aperfeiçoarem" (p. 59). Como parte importante desse quadro precário era a formação dos professores, em 1835 foi criada, em Niterói – capital da Província do Rio de Janeiro – a "primeira

Escola Normal do Brasil [...] com o intuito de preparar os futuros mestres no domínio teórico-prático do método monitorial/mútuo" (Bastos, 2006, p. 43).

Ressaltamos que não há clareza sobre quando esse método deixou de ser adotado no Brasil. Oficialmente, a Reforma Couto Pereira, de 1854, estabeleceu o método simultâneo, porém, Bastos (2006) identifica registros que atestam a permanência do método mútuo no país, seja de forma pura ou mista com o simultâneo, até 1888. Esse é um dado relevante, pois percebemos que muitas práticas desenvolvidas nas escolas independem da orientação legal, uma vez que as permanências, adequações e omissões são derivadas das apropriações e escolhas feitas, e de condições objetivas que os professores enfrentam na escola e na sala de aula.

O Ato Adicional de 1834 conferiu às províncias "o direito de legislar sobre a instrução pública primária e secundária e estabelecimentos próprios a promovê-la" (Vecchia, 2006, p. 82). Houve tentativas de organização de aulas avulsas e, depois, de liceus, em algumas províncias, porém estes também muito frágeis em sua organização e na integração dos conteúdos. Em 1837, foi criado o Imperial Collegio de Pedro II, para servir de modelo para outras iniciativas a serem desenvolvidas no país. Com a finalidade de "educar a elite intelectual, econômica e religiosa brasileira", seus estatutos "foram organizados com base nos estatutos dos liceus franceses" (Vecchia, 2006, p. 83). O plano de estudos era enciclopédico: "incorporava estudos considerados clássicos, entre os quais a Gramática, a Retórica, a Poética, a Filosofia, Latim e Grego, e os estudos modernos, que incluíam as línguas 'vivas', tais como Francês e Inglês e as Matemáticas, Ciências, História, Geografia, Música e Desenho" (Vecchia, 2006, p. 82-83). Originalmente eram previstos 8 anos de estudos, que poderiam ser reduzidos mediante exames intermediários. Como essa era uma instituição de referência, é relevante acompanharmos as mudanças que sofreu ao longo do tempo, mesmo sem a ilusão de que as demais escolas secundárias do país pudessem aplicá-las integralmente.

Quadro 3.2 – Principais mudanças estabelecidas para a organização e os estudos secundários do Collegio Pedro II (1841-1878)

Ano	Alterações
1841	Regulamento 62 – estabeleceu 7 anos para o curso, "redistribuiu as matérias na seriação e procurou graduar os estudos de acordo com a capacidade dos alunos" (p. 84), incluiu disciplinas como língua alemã, geologia, zoologia filosófica e especificidades do desenho, e diminuiu o peso das disciplinas de humanidades (em proporção à carga horária total).
1855	Decreto 1.556 – dividiu os estudos secundários em dois ciclos, os Estudos de Primeira Classe e os Estudos de Segunda Classe. O primeiro, com 4 anos, era obrigatório para todos os alunos do Collegio, que ao seu término optavam por continuar os estudos ali e obter o título de bacharel em Letras ou por ingressar em institutos de formação técnica.
1857	Decreto 2.006 – estabeleceu 2 cursos paralelos, um de 7 anos para a obtenção do título de bacharel, que visava ao ingresso em cursos superiores, e outro, de 5 anos, sendo 4 de curso completo e 1 de preparação para o ingresso em cursos técnicos. Autorizava a matrícula em disciplinas avulsas.
1862	Decreto 2.883 – extinguiu o curso especial (de 5 anos) e manteve o curso que conferia grau de bacharel, retomando a ênfase nas humanidades.
1870	Decreto 4.468 – instituiu um exame para ingresso no curso e exames finais ao término das disciplinas.
1876	Decreto 6.130 – extinguiu o sistema de matrículas avulsas.

(continua)

(Quadro 3.2 – conclusão)

1878	Decreto 6.884 – autorizou as matrículas avulsas, adotou o sistema de "exame vago" – pelo qual poderiam ser prestados exames das disciplinas do Collegio sem tê-las cursado, e se aprovado o candidato receberia o título de bacharel em Letras.

Fonte: elaborado a partir de Vecchia, 2006, p. 84-87.

Podemos observar inovações e retrocessos, e por vezes, se uma orientação legal criasse problemas, uma nova regulamentação era feita. Por exemplo: o curso especial criado em 1857 não obteve adesão, devido à pouca valorização dos cursos técnicos à época, sendo extinto em 1862; ou as autorizações e proibições das matrículas avulsas, que permitiam aos alunos diminuírem o tempo de estudos ou escolherem cursar somente aquelas disciplinas consideradas relevantes para o ingresso em cursos superiores, o que foi agravado pelo decreto de 1878. Por outro lado, tantas proposições revelam o estatuto dos estudos secundários nesse período, que continuariam a ser tema e alvo de tentativas de regulamentação no contexto republicano. Finalmente, não podemos desconsiderar a expansão do ensino secundário particular, que visava à preparação de sua clientela para o ingresso nos exames do ensino superior.

Esse nível de ensino, principal objetivo dos estudantes do secundário, era incipiente. No período colonial, Portugal proibiu a criação dessas instituições no Brasil. Como alternativas, concedia bolsas na Universidade de Coimbra, e permitia aos jesuítas que ofertassem cursos superiores de Filosofia e Teologia. Com a chegada da família real, ainda assim havia apenas cátedras isoladas, de áreas como medicina e engenharia.

De acordo com Cunha (2000), durante o período imperial ocorreu a junção de cátedras, que se organizaram em cursos, que por sua vez formaram academias, como a Escola Politécnica (1874) no Rio de Janeiro e a Escola de Minas (1875), em Ouro Preto. Porém, essas pequenas mudanças não foram significativas. Esse autor destaca que parte das dificuldades eram decorrentes da orientação imperial: "a iniciativa de criação dos estabelecimentos de ensino era estatal, assim como sua manutenção material. Também dependia do ministro do Império a nomeação dos catedráticos, a decretação dos currículos de todos os cursos e a nomeação dos respectivos diretores" (p. 156). Especialmente a partir do século XVIII, podemos compreender a restrição e o controle sobre o ensino superior no Brasil como tentativa de impedir o acesso e difusão de ideais iluministas, potencialmente ameaçadores para a metrópole, e que se fortaleciam na Europa e em movimentos de independência na América.

A segunda opção de destino dos estudantes secundaristas, os cursos técnicos, teve uma trajetória singular no Brasil, desde o período colonial, em que havia discriminação sobre o acesso à aprendizagem de profissões nas corporações de ofício. Quando da vinda da família real, devido às restrições estabelecidas anteriormente, havia escassez de mão de obra e foi estabelecida a

aprendizagem compulsória, que consistia em ensinar ofícios às crianças e aos jovens, que na sociedade não tinham outra opção, como era o caso dos órfãos e desvalidos, [...] internados e postos a trabalhar como artífices que, após alguns anos, ficavam livres para escolher onde, como e para quem trabalhar. (Santos, 2000, p. 207)

Pelo tipo de encaminhamento dado à questão, podemos compreender a desvalorização social desse tipo de aprendizado.

As discussões no Império sobre o ensino técnico-profissional tiveram início na Assembleia Constituinte de 1823, mas a primeira orientação específica ocorreu na Lei de 1827, "com a inclusão da obrigatoriedade, por parte das meninas, de aprendizagem de costura e bordado, sendo que nos Liceus os alunos aprenderiam o desenho, necessário às artes e aos ofícios" (Santos, 2000, p. 209). Houve dois liceus principais: o Liceu de Artes e Ofícios do Rio de Janeiro (1858) e o de São Paulo (1873), o primeiro mantido pela Sociedade Propagadora das Belas Artes. No entanto, somente a partir da República esse tipo de formação se fortaleceu.

O ensino normal, para formação de professores, estava entre os cursos técnico-profissionalizantes. Originalmente voltado para alunos do sexo masculino, somente ao final do século XIX a formação feminina se tornou mais comum. Segundo Xavier, Ribeiro e Noronha (1994), em 1860 eram somente 6 as escolas normais no país, em parte devido aos poucos atrativos da profissão de professor: "Os ordenados eram baixos e a estabilidade, precária, face às disputas políticas regionais que marcaram todo o Período Imperial", e a expansão do ensino normal foi limitada "não apenas devido à falta de professores, mas especialmente à ausência de alunos" (Xavier; Ribeiro; Noronha, 1994, p. 86), o que levava à extinção de muitos desses cursos:

> *O pessoal docente, quase todo constituído de mestres improvisados, sem nenhuma preparação específica, não melhora sensivelmente com as primeiras escolas normais que se criam no país: a de Niterói, em 1835, a da Bahia, em 1836, a do Ceará, em 1846, e a do Rio de Janeiro, em 1880, todas com uma organização rudimentar, à maneira de ensaios, como a de São Paulo que se fundou, com um só professor, em 1846, desapareceu em 1867, para ressurgir com um novo plano e um curso de dois anos, em 1874, fechar-se novamente em 1877 e restabelecer-se afinal em 1880, e só então com um curso mais completo, de 3 anos.* (Azevedo, 1963, p. 586)

Em relação à instrução elementar, o panorama, de forma geral, mostrava enormes carências:

> *Em 1872, entre os escravos, o índice de analfabetos atingia 99,9% e entre a população livre aproximadamente 80%, subindo para mais de 86% quando consideramos só as mulheres. [...] Apurou-se ainda que somente 16,85% da população entre seis e quinze anos frequentavam escolas. Havia apenas 12 mil alunos matriculados em colégios secundários. Entretanto, calcula-se que chegava a 8 mil o número de pessoas com Educação superior no país. Um abismo separava, pois, a elite letrada da grande massa de analfabetos e gente com Educação rudimentar.* (Fausto, 1999, p. 237)

A partir da década de 1870, Machado (2006) identifica uma crescente preocupação no debate sobre o tema. Destaca o Decreto nº 7.247 (1879) de Leôncio de Carvalho, ministro do Império, que "marcou o início do processo de organização da escola pública" (p. 94), e estabelecia orientações como: liberdade de ensino, livre frequência, ensino religioso facultativo, obrigatoriedade do ensino dos 7 aos 14 anos para ambos os sexos, criação do primeiro e segundo graus, com duração de 4 anos, e currículo específico para cada grau, criação de jardins de infância, bibliotecas e museus pedagógicos, criação e apoio do governo a escolas de artes e ofícios; normatização para os conteúdos do ensino superior e para a carreira dos professores, entre outros.

Porém, tanto o Decreto quanto os pareceres que Rui Barbosa emitiu sobre o documento não foram efetivados, e muitas das iniciativas por eles propostas começaram a ser desenvolvidas a partir do século XX.

3.3
Primeira República (1889-1930):
política, economia e sociedade

Do início ao fim do Império houve importantes mudanças no panorama populacional do Brasil: em 1890 a população era estimada em 14,3 milhões, assim constituída: 42% de mulatos, 38% de brancos e 20% de negros. É importante ressaltar que haviam entrado no país cerca de 300 mil imigrantes. O Rio de Janeiro, até então capital do Império, era o maior centro urbano, com 522 mil habitantes. O Brasil continuava essencialmente agrícola, e a partir de 1870 o declínio econômico do açúcar no Nordeste e o desenvolvimento do Centro-Sul com o cultivo do café se consolidaram (Fausto, 1999, p. 236-242).

O "15 de novembro de 1889 [...] foi um golpe militar com o apoio civil que [...] extinguiu o Império e eliminou consigo a Constituição existente. Urgia criar um outro regime, substituir um governo e sobretudo dar à nação um conteúdo conforme a nova situação" (Cury, 2001, p. 69). Nesse sentido, o final do século XIX foi caracterizado por uma intensa disputa de poder e de concepções de como a República deveria ser organizada. O governo provisório decretou a separação oficial entre a Igreja e o Estado e convocou uma Assembleia Constituinte.

À União coube o direito de intervir nos estados, se necessário, para garantir a ordem e o estabelecido na Constituição. Foram estabelecidos os três poderes – Executivo, Legislativo e Judiciário –, o sistema presidencialista de governo e o sistema de voto direto e universal – embora analfabetos, mendigos e praças militares não pudessem votar[c].

c
Embora não houvesse, explicitamente, impedimento ao voto das mulheres, esse foi o entendimento implícito sobre o tema (Fausto, 1999, p. 251).

Embora a Constituição tivesse características liberais, a Primeira República ficou mais conhecida como *República oligárquica*, *dos coronéis* e do *café com leite*, pelo controle que um pequeno grupo de políticos, em cada estado, exerceu sobre seus rumos. Embora, segundo Fausto (1999, p. 265), "a realidade seja mais complexa" do que esses nomes sugerem, com a relativa autonomia dos estados esses grupos se fortaleceram, e foram fracassadas, ou muito frágeis, as tentativas de organização de partidos nacionais. Houve iniciativas visando diminuir os poderes locais e eleições muito disputadas, mas, mesmo assim, esses poderes foram bastante concentrados, embora variáveis ao longo do período. Tais embates, arraigados neste primeiro momento da República, deixaram pouco espaço para outros temas, como a instrução pública, ao menos no âmbito político.

Somente no século XX é que de fato ocorreu – gradativamente – a implantação de um sistema de ensino no Brasil – ou uma rede escolar articulada nos níveis federal, estadual e municipal –, a expansão do acesso à escola e a consequente escolarização da população, ou da grande maioria dela. Nesse século, embora haja articulação com o panorama internacional, podemos dizer que as discussões, interesses e influências foram pluralizados e fragmentados.

Durante a Primeira República, destacamos, como marcos mundiais importantes, a Primeira Guerra Mundial (1914-1918) e a crise da Bolsa de Nova Iorque (1929), seguida de sérias consequências econômicas e sociais. No Brasil, o período compreendido entre o final do século XIX e o início do XX foi de consolidação da República, porém, com especificidades constituídas ao longo de sua história, em especial aquelas relacionadas à concentração de poder em grupos locais ou regionais.

Muitas mudanças ocorreram também em relação à sociedade, à economia e à cultura, como um grande movimento imigratório para o país, mais significativo a partir da segunda metade do século XIX. Durante a Primeira Guerra Mundial esse fluxo diminuiu, sendo retomado a partir de 1918, até 1930. A vinda dos imigrantes ao Brasil foi, em grande parte, estimulada por seus países de origem ou subsidiada pelo governo brasileiro, mas em geral sua chegada e instalação, bem como suas condições de trabalho, eram muito precárias. Esse movimento imigratório foi decorrente e ao mesmo tempo contribuiu para o fim da escravidão e a expansão das lavouras de café. Nesse caso, formas alternativas de relações de trabalho foram utilizadas, embora com muitos problemas e atritos.

Outro elemento significativo foi a urbanização, decorrente tanto da vinda de pessoas do campo para as cidades quanto da chegada de imigrantes. A cidade de São Paulo foi a que mais se destacou nesse crescimento. Em parte decorrente, e em parte causa da urbanização, está a industrialização. O Rio de Janeiro, capital, concentrava no final do século XIX mais da metade das iniciativas do país. No caso paulista, ocorreu significativa ampliação de investimentos, articulados tanto à riqueza produzida pelo café quanto aos imigrantes, ora proprietários, ora operários. Segundo Fausto (1999), os ramos têxtil, de alimentação e vestuário foram os principais naquele momento. Por outro lado, havia "profunda carência de uma indústria de base (cimento, ferro, aço, máquinas e equipamentos). Desse modo, grande parte do surto industrial dependia de importações" (p. 288). O período da Primeira Guerra Mundial e os anos de 1920 foram profícuos para a indústria brasileira, em especial pelo início de instalação de indústrias de base. Porém, não podemos afirmar que o Estado promoveu uma política de incentivos ao desenvolvimento industrial, pois se manteve ainda concentrado na agroexportação.

Mudanças econômicas e sociais não são isentas de crises e conflitos, e nesse período destacamos movimentos sociais, no campo – como Canudos e Contestado – e nas cidades – como greves. Com a carência decorrente da Primeira Guerra Mundial, e também pela ocorrência da Revolução Russa, houve um período de importantes greves, no Rio de Janeiro e em São Paulo, de 1917 a 1920, o que fortaleceu a sindicalização. Por outro lado, a partir daí começaram a ocorrer discussões sobre a ação do Estado, por meio da regulamentação das relações de trabalho.

No campo político os embates das forças locais e regionais continuavam, além de questionamentos, por parte de militares, ao governo da República. Havia também contestações e conflitos entre elites políticas de diferentes estados, culminando na Revolução de 1930, quando o então presidente Washington Luís, paulista, insistiu que outro paulista (Júlio Prestes) o sucedesse, rompendo com o revezamento com Minas Gerais. Este último estado se aliou ao Rio Grande do Sul, como oposição, e após muitas negociações, Getúlio Vargas foi lançado como candidato à presidência.

Em meio à campanha eleitoral, a crise de 1929 colocou em xeque a economia brasileira, fortemente sustentada pelo café, e alguns fatores internos – como a expansão das lavouras cafeeiras, o endividamento dos fazendeiros e a excepcional safra de 1929, em contraste com a queda brusca e significativa dos preços no mercado externo – contribuíram para desentendimentos entre os cafeicultores e o governo federal, que não concedeu benefícios por eles solicitados. Apesar disso, Júlio Prestes venceu as eleições, em março de 1930. Descontentes – em especial os apoiadores de Getúlio Vargas durante as eleições – começaram a se organizar, e esses movimentos culminaram em ações simultâneas, em diversos estados e na posse de Getúlio Vargas como presidente, em 3 de novembro de 1930, fato que abordaremos no capítulo 4.

Em relação às ideias vigentes no final do século XIX e início do XX no Brasil, podemos identificar distintos discursos. Por exemplo, Marach (2007, p.11) indica que, em Curitiba,

> *havia, de um lado, o movimento de reorganização do catolicismo [...]. Paralelamente [...], ganhava destaque o movimento anticlerical que, inspirado em determinadas correntes europeias tais como a positivista e a darwinista, defendia a liberdade de culto e a laicização do ensino público. [...]*
>
> *A intensificação da circulação de ideias nesse contexto brasileiro foi desencadeada pelo advento da República que trouxe a sensação de libertação – menos ao povo que às elites – dos entraves ideológicos existentes durante a época monárquica [...]. A sensação de liberdade deu espaço à livre circulação de discursos, propulsionando uma grande efervescência cultural e política, que na época foi responsável por intensificar a circulação de periódicos tais como revistas, jornais e boletins.*

Esse panorama estava presente em outras capitais do país, e permeou as discussões quanto à educação.

3.3.1 Educação e escolarização na Primeira República

Somente a partir da Primeira República a educação passou a ser um tema mais debatido pelos intelectuais, devido em especial às novas necessidades da população surgidas no âmbito social, econômico e político, diante da reorganização do Estado. Houve uma maior complexidade da sociedade a partir desse período, diferente da estrutura escravocrata de até então: vários estratos sociais emergiram, com interesses e posições diversas. Com a urbanização no país, o aumento da demanda social pela escola e por recursos humanos mais letrados levou a uma crise na educação, uma vez que as organizações escolares existentes não comportavam nem haviam sido estruturadas para atender a essa complexidade.

Essa crescente demanda deveu-se em especial à escolarização ser entendida, nesse momento, como caminho possível para o emprego na estrutura administrativa do Estado que se fortalecia, ou seja, como possibilidade de ascensão social por uma classe média em desenvolvimento. Segundo Veiga (2007, p.184), no final do século XIX, "a educação brasileira vive um momento contraditório. Ocorre, de um lado, uma importante movimentação intelectual e política para a melhoria da qualidade pedagógica do ensino, enquanto as escolas públicas primárias funcionam em condições extremamente precárias em grande parte do Brasil".

Uma iniciativa do governo provisório, em abril de 1890, foi a criação da Secretaria da Instrução Pública, Correios e Telégrafos. Embora com pouca duração – foi extinta em outubro de 1891 – significou uma tentativa de marcar a presença oficial do Estado em relação à instrução e à comunicação, bem como estabeleceu algumas ações, como a promoção da laicização da escola, a permissão simultânea ao ensino oficial do ensino livre, e a Reforma Benjamin Constant, um exemplo relevante da aplicação de princípios positivistas à escola.

Nos trabalhos da Assembleia Constituinte, a discussão sobre a educação não pôde ser dissociada dos temas mais amplos, como a organização política do país e as diretrizes para seu funcionamento. Por exemplo, quando foi estabelecido que os analfabetos não votariam, entrou em pauta a oferta de instrução escolar para a população; quando foi determinada a inexistência de uma religião oficial do Estado, a questão da laicidade na educação também precisou ser abordada. "Estas definições implicaram debates ácidos e diferenciação de posições. Mas o raciocínio que conduziu a estas definições foi o de que haveria um respeito pela distinção entre o público/leigo × privado/livre e neste caso não haveria nenhum impedimento à liberdade de expressão e de culto" (Cury, 2001, p. 76).

Em relação à educação na Constituição de 1891, podemos destacar: o Congresso ficou incumbido de "animar, no país, o desenvolvimento das letras, artes e ciências, [...] sem privilégios que tolham a ação dos governos locais; criar instituições e de ensino superior e secundário nos Estados [...]" (art. 35). No art. 72, o texto determina: "será leigo o ensino ministrado nos estabelecimentos públicos". A Constituição de 1891 instituiu, ainda, a federalização do país e reforçou rumos que haviam sido estabelecidos em 1824, quanto à responsabilidade no campo educacional: à União coube, na prática, o ensino superior e o secundário, e aos estados, o ensino primário e o profissional.

> A escola era compreendida como instituição fundamental no esforço de moralizar e civilizar a população do país e de estabelecer uma ordem social necessária para o progresso. Além disso, compreendemos o lema da bandeira brasileira como bastante ilustrativo desses princípios e da influência de ideais positivistas na construção da República: Ordem e Progresso.

De acordo com Cury (2001), na Constituição de 1891 não havia manifestação acerca da gratuidade do ensino, e, apesar "dos esforços dos positivistas, a Constituição não derrogou a existência de uma rede oficial de ensino" (p. 77). De forma breve, podemos afirmar que princípios positivistas influenciaram muitos participantes do movimento pela proclamação da República no Brasil, em especial os militares: ideias como construir um progresso para a história e as instituições do país, de aproximá-lo de um ideal de civilização e de modernidade, nesse momento fortemente relacionado aos modelos europeus e norte-americano, permearam o debate em torno da Constituição e também das diretrizes políticas. A escola era compreendida como instituição fundamental no esforço de moralizar e civilizar a população do país e de estabelecer uma ordem social necessária para o progresso. Além disso, compreendemos o lema da bandeira brasileira como bastante ilustrativo desses princípios e da influência de ideais positivistas na construção da República: Ordem e Progresso.

Provavelmente a iniciativa concreta mais marcante no campo educacional, iniciada ainda no século XIX, tenha sido o estabelecimento dos grupos escolares. Embora a iniciativa e experiência do Estado de São Paulo tenham sido tomadas como referência, e dos grupos escolares compartilharem princípios comuns, não podemos afirmar que houve um único modelo em todo o país, porque eram regulamentados pelos estados, em especial no início do século XX. Em relação à organização, nos grupos escolares começou a ser instituído o ensino simultâneo, ou seja, o professor lecionava para vários alunos ao mesmo tempo, a partir da criação de séries escolares. De acordo com Souza (2001, p. 76), essa modalidade correspondeu, na época, *a um novo modelo de organização administrativo-pedagógica da escola primária com base na graduação escolar – classificação dos alunos por grau de adiantamento –, no estabelecimento de programas de ensino e da jornada escolar, na reunião de vários professores e várias salas de aula em um mesmo edifício-escola para atender a um grande número de crianças, na divisão do trabalho e em critérios de racionalização, uniformidade e padronização do ensino.*

Associada às deficiências das precárias iniciativas escolares existentes à época, como a formação dos professores, os materiais didáticos e o mobiliário escolar, a exigência de construção de edifícios adequados para a instalação dos grupos escolares foi uma preocupação dos governantes, em especial considerando o ideal de escola civilizadora, moralizadora e, portanto, com a função de ensinar bons hábitos. Ou seja, o ambiente escolar deveria refletir os princípios higienistas, eugenistas e civilizatórios em discussão à época (Veiga, 2007).

> Provavelmente a iniciativa concreta mais marcante no campo educacional, iniciada ainda no século XIX, tenha sido o estabelecimento dos grupos escolares.

Embora cada proposição deva ser compreendida sob o contexto em que foi apresentada, consideramos esse tipo de pensamento, ainda presente nos anos 1930, como relevante para a compreensão da permanência e justificativa – na época, inclusive com argumentos científicos – da superioridade da raça branca, em detrimento de outras. Essa ideia era comum no Brasil desde o período colonial, e podemos assim afirmar sua presença em pleno período republicano como significativa, ainda mais se for associada à construção histórica de desigualdade social, educacional e de oportunidades de trabalho e de condições de vida à população mais carente do país. Nesse caso, as ideias higienistas e eugenistas parecem reforçar e justificar tanto o preconceito quanto a desigualdade, atribuindo as diferenças à genética, e não às condições historicamente construídas.

Outro fator considerado como um dos principais entraves para o progresso do país, nas primeiras décadas do século XX, era o analfabetismo, que devia ser erradicado, como ilustra a fala de Sampaio Doria em 1923: "O maior mal do Brasil contemporâneo é a sua porcentagem assombrosa de analfabetos. [...] O monstro canceroso, que hoje desviriliza o Brasil, é a ignorância crassa do povo, [...] esterilizando a vitalidade nativa e poderosa de sua raça" (citado por Carvalho, 2000, p. 227).

Ainda nesse período, houve uma intensa movimentação cívica nos centros urbanos, que se desdobrou no movimento conhecido como *entusiasmo pela educação*, que envolvia ideias como a moralização de costumes, a contenção da saída de pessoas do meio rural para o urbano, a criação de escolas nos sertões, de forma a criar condições para uma nova mentalidade, mais moderna e civilizada. Porém, embora esse fosse um eixo comum do pensamento intelectual sobre a educação, ele não era tão homogêneo.

Por exemplo, em 1924 foi fundada a Associação Brasileira de Educação, por intelectuais que assumiam essa causa e que visavam a propagá-la, seja pela imprensa, seja por meio das conferências nacionais de educação. Porém, compreendiam que o analfabetismo não era a causa principal dos males que afligiam o país, questionando as elites dirigentes e qual deveria ser a finalidade da escola.

No início do século XX, houve várias orientações para a educação, refletindo a heterogeneidade de ideias acerca da função da escola e da organização de um sistema oficial de ensino:

Quadro 3.3 – Reformas educacionais da Primeira República

Reforma	Principais proposições
Epitácio Pessoa (1901)	- Código de Institutos Oficiais de Ensino Superior e Secundário (Decreto 3.890). - Regulamento para o Ginásio Nacional (Decreto nº 3.914). - Exclui as disciplinas de biologia, sociologia e moral e inclui a de lógica.
Rivadávia Corrêa (1911)	- Lei Orgânica do Ensino Superior e do Ensino Fundamental na República (Decreto nº 8.659). - Regulamento do Colégio Pedro II (Decreto nº 8.660). - Desoficializou o ensino e sua frequência. - Substituiu diplomas por certificados. - Estabeleceu a realização de exames de admissão pelas faculdades.
Carlos Maximiano (1915)	- Tornou oficial o ensino. - Reformou o ensino secundário. - Regulamentou o ensino superior (Decreto nº 11.530).
João Luis Alves (1925)	- Organizou o Departamento Nacional de Ensino (Decreto nº 16.782-A). - Regulamentou o ensino secundário e superior. - Estabeleceu a responsabilidade da União sobre o ensino primário. - Extinguiu os exames preparatórios e parcelados.

Fonte: elaborado com base em Vieira e Farias, 2007, p. 76-79.

Na dimensão pedagógica, destacamos as contribuições de Lourenço Filho, Fernando de Azevedo e Anísio Teixeira, que defendiam a transformação social a partir da escola. Em especial o último, diretor da Instrução da Bahia, viajou para os Estados Unidos para conhecer seu sistema escolar e as propostas de John Dewey. Escreveu um relatório da viagem, que foi distribuído a professores, e buscou implementar uma reforma no sistema educacional daquele estado (1925), baseado no ideal escolanovista de "educar para a vida" e em sua leitura da escola norte-americana, que considerava democrática. Com base nessa proposta, outras reformas educacionais estaduais ocorreram, como a do Ceará (1923), do Distrito Federal (1928) e de Minas Gerais (1927). Tais proposições de certa forma fomentaram desdobramentos importantes para a educação e a escolarização no Brasil, que ocorreram a partir dos anos de 1930.

Síntese

Neste capítulo apresentamos o panorama educacional no século XIX e início do XX, no qual houve mudanças importantes, tanto no âmbito político – o país passou de colônia (sede do Reino) a Império e deste a República – quanto nos aspectos econômico e social. Esse último aspecto implicou uma distinta conformação da sociedade, novas relações trabalhistas, e uma urbanização que, embora aparentemente insípida, para a época foi muito relevante. No âmbito educacional, nem sempre mudanças políticas levaram a novos rumos para a escolarização. Isso começou a acontecer de forma mais marcante a partir da República, em 1889, com base em princípios que visavam à civilização, à moralidade e à modernidade, do país e de sua população, e em uma intensa discussão intelectual sobre a educação, que, apesar de heterogênea, considerava a escola como instituição fundamental.

Indicações culturais

Filmes

CARLOTA JOAQUINA, princesa do Brasil. Direção: Carla Camurati. Produção: Bianca de Felippes e Carla Camurati. Brasil: Elimar Produções, 1995. 100 min.

Filme que trata da transferência e instalação da família real no Brasil, em 1808, e do impacto dessa situação no Brasil. A abordagem do tema rompe com a visão mais tradicional de história, de grandes heróis, para tratá-lo a partir de outro extremo – a ironia e o deboche. Embora o filme ilustre situações ocorridas na época, muito do que é apresentado é ficção ou exagero. Porém, é interessante observar essa representação desse momento da história do Brasil. Por se tratar de período abordado neste capítulo, a visualização de Portugal e do Rio de Janeiro por meio do filme pode auxiliar a compreender melhor esse contexto.

MAUÁ, o imperador e o rei. Direção: Sérgio Rezende. Produção: Joaquim Vaz de Carvalho. Brasil: Columbia TriStar do Brasil, 1999. 132 min.

Filme que, abordando a vida do Barão de Mauá, propicia a percepção do contexto econômico, social e político do período (1813-1889) no Brasil, o que pode contribuir para a compreensão do contexto abordado no presente capítulo.

Livro

MORAIS, A. J. M. Independência e o Império do Brasil. Brasília: Senado Federal, 2004. (Edições do Senado Federal, vol. 18). Disponível em: <http://www.dominiopublico.gov.br/download/texto/sf000045.pdf>.

Esse livro, escrito no final do século XIX (não há indicação da data exata), é um interessante exemplo de como uma pessoa da época – letrada e politicamente envolvida – percebeu o processo de Independência e a instalação do Império no Brasil. Sua leitura pode contribuir para que o aluno perceba de forma mais concreta alguns aspectos do contexto abordado, como a participação do povo e os embates políticos.

Site

SENADO FEDERAL. Disponível em: <http://www6.senado.gov.br>. Acesso em: 10 dez. 2010.

Esse *site* disponibiliza a legislação federal de todo o período republicano brasileiro, desde a Primeira República, e pode ser útil para acessar os documentos da época, como a Constituição Federal de 1891, disponível em: <http://www6.senado.gov.br/legislacao/ListaPublicacoes.action?id=94947>.

Esse documento traz a organização do Estado brasileiro republicano. Sugere-se a leitura do capítulo "Dos cidadãos brasileiros" – arts. 69 a 78, no qual consta a educação.

Atividades de autoavaliação

1. Sobre escolarização em países europeus no século XIX, assinale a alternativa incorreta:

    a) As políticas educacionais desse contexto envolviam parcerias com iniciativas escolares religiosas.

    b) Em geral, a ampliação da escolarização nesse contexto está associada à urbanização.

    c) A crescente demanda da população pela escola indica uma valorização da cultura escrita.

    d) Havia interesse de governos e intelectuais europeus em "civilizar" o povo por meio da escola.

2. Sobre o contexto da primeira metade do século XIX no Brasil, analise as alternativas a seguir e assinale (F) para as falsas e (V) para as verdadeiras:

( ) A instalação da família real no Brasil resultou em importantes avanços no campo da instrução primária.

( ) O método mútuo atingiu bons resultados no Brasil, sendo esta a razão principal de sua oficialização na Constituição de 1824.

( ) O método mútuo foi escolhido por D. João VI por permitir que um grande número de estudantes fosse reunido sob responsabilidade de um único professor.

( ) O Collegio de Pedro II foi criado com a finalidade de ser referência para o ensino secundário no Brasil.

3. Sobre a escolarização no Brasil no período imperial, assinale a alternativa incorreta:

    a) O ensino secundário tinha como finalidade principal e mais almejada pelos estudantes a preparação para o ingresso em cursos superiores.

    b) Os cursos técnicos e profissionalizantes eram pouco valorizados; uma das razões para isso era a cultura discriminatória em relação a alguns trabalhos manuais.

    c) As universidades brasileiras buscavam diversificar os tipos de cursos ofertados no ensino superior.

    d) Em todos os níveis de ensino havia falta de professores com formação adequada.

4. Sobre o contexto de início da República no Brasil, assinale a alternativa incorreta:

    a) Uma das primeiras iniciativas do governo provisório foi fortalecer a articulação entre a Igreja e o Estado.

b) Ideais positivistas foram utilizados e defendidos por muitos dos participantes do movimento pela proclamação da República.

c) A Constituição de 1891 foi inspirada no modelo de República federativa norte-americano.

d) A Primeira Guerra Mundial teve implicações políticas, econômicas e sociais no Brasil.

5. Sobre o panorama educacional do início da República no Brasil, assinale a alternativa incorreta:

a) Muitos intelectuais debatiam a educação naquele contexto, como por exemplo, por meio das conferências nacionais, organizadas pela Associação Brasileira de Educação.

b) Embora a educação não tenha sido tema central de discussão na primeira assembleia constituinte republicana, ela esteve relacionada ao debate de outras questões, como na definição de quem teria direito a voto.

c) Houve grande empenho e investimento, no início da República, para a organização e expansão do sistema público de ensino no país.

d) O estabelecimento de grupos escolares marcou de forma importante a implantação do método simultâneo de ensino no país.

Atividades de aprendizagem

Questões para reflexão

1. Sobre o ensino secundário, você percebe como muitos dos dilemas enfrentados atualmente pelo ensino médio têm origem no processo de escolarização do país? Você consegue

identificar permanências ou mudanças entre o ensino secundário no século XIX e o ensino médio, atualmente? Quais?

2. Houve importante influência de ideais positivistas na constituição da República e no estabelecimento de funções para a escola no Brasil do final do século XIX e início do XX. Nos dias de hoje, você consegue identificar se há uma corrente filosófica orientando a compreensão e as políticas públicas para a escola? Se sim, qual seria e como você percebe a influência de seus princípios? Se não, que tipo de preocupações ou proposições têm orientado as políticas educacionais? Justifique sua resposta.

Atividade aplicada: prática

1. O contexto político e econômico tem influência significativa sobre as proposições para a educação e a escolarização, em cada momento histórico e social. Pesquise a Constituição de 1891 nos seguintes aspectos: quem é considerado cidadão, direitos dos cidadãos, deveres dos cidadãos; responsável(is) pela educação, finalidade da educação (por modalidades/níveis), entre outros dados interessantes. Discuta com a turma se e como a definição dessas questões, nesse documento, relaciona-se aos ideais republicanos e positivistas da época.

4.

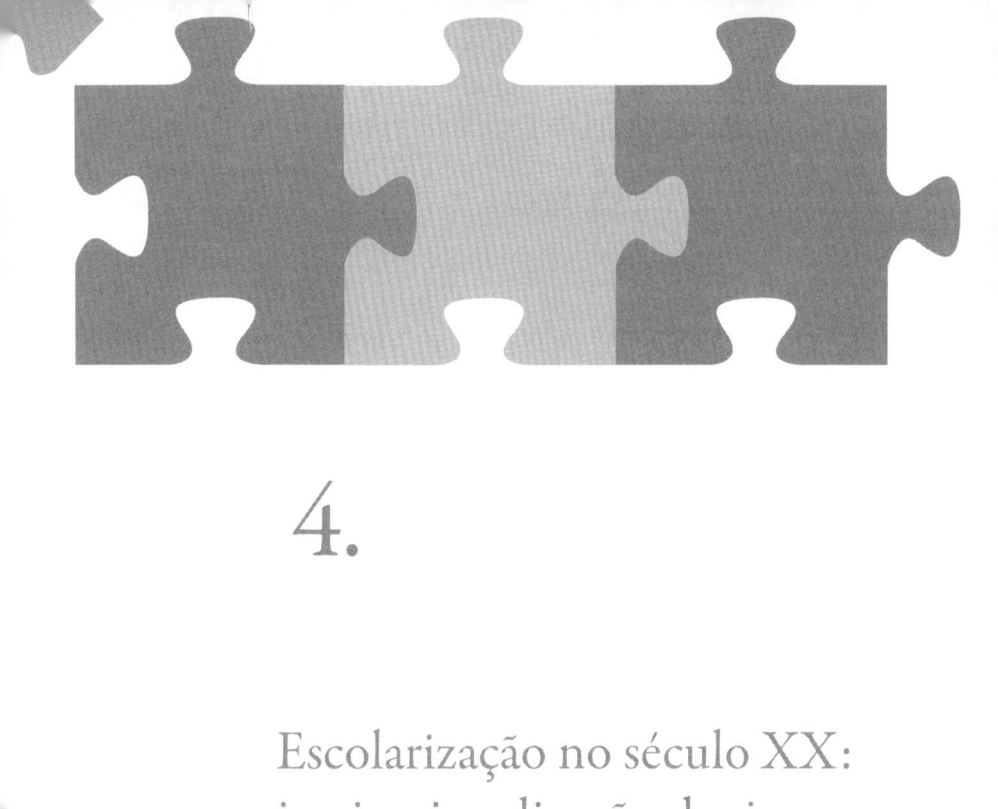

Escolarização no século XX: institucionalização de sistemas de ensino no Brasil

Iniciando o diálogo

Somente no século XX é que de fato ocorreu a implantação de um sistema de ensino no Brasil – compreendido como uma rede escolar articulada nos níveis federal, estadual e municipal – e a consequente escolarização da população, pelo menos de sua maioria.

Neste capítulo, abordaremos esse processo, buscando evidenciar suas relações com os diversos panoramas – político, econômico e social – que se desenvolveram a partir de 1930 até o final do século XX. Tais contextos envolveram desde a institucionalização da República até as fases ditatoriais, intercaladas por práticas e governos mais democráticos. O século XX talvez tenha sido o mais intenso em mudanças geopolíticas e tecnológicas em toda a história da humanidade. Dada a impossibilidade de contemplarmos essa complexidade, mesmo se tratando apenas do Brasil, serão apresentadas questões que consideramos relevantes para a compreensão dos rumos educacionais, reconhecendo sempre que estão profundamente articulados à sociedade e ao tempo em que se situam. Finalmente, sobre o século XXI, somente apresentaremos alguns indicadores políticos e educacionais.

4.1
Contexto brasileiro em governos populistas: do Estado Getulista (1930-1945) ao Período Democrático (1945-1964)

No capítulo anterior, tratamos da virada do século XIX para XX e do estabelecimento da República no país, até a posse de Getúlio Vargas (1930). Devemos lembrar que ele assumiu o poder em meio à crise econômica iniciada em 1929. Teve como principais ações, de imediato, a centralização do poder político e da economia, buscando fortalecer o setor cafeeiro, e a aproximação dos trabalhadores, com proposições que constituíram o início de estabelecimento de uma política trabalhista no país, como a criação do Ministério do Trabalho, Indústria e Comércio. Vargas, nos 15 anos de seu governo, promoveu uma "política de substituir importações pela produção interna e de estabelecer uma indústria de base" (Fausto, 1999, p. 370), ações relacionadas aos efeitos da Segunda Guerra Mundial (1939-1945), que impedia que muitos produtos industrializados chegassem ao Brasil e ao mesmo tempo estabelecia demandas por aço e petróleo, por exemplo.

No âmbito social, observamos a aproximação do Estado em relação à Igreja, e a preocupação com a educação, que abordaremos no tópico seguinte. Bastante relacionadas à polêmica em torno do desempenho político de Vargas, estão as iniciativas de controle da opinião pública, estabelecidas desde a escola, a imprensa, e a sociedade.

Durante todo seu governo, o embate dos grupos políticos regionais permaneceu acirrado, inclusive com a Revolução Constitucionalista (1932), que resultou na promulgação de uma nova Constituição em 1934. Esta, segundo Vieira e Farias (2007), teve inspiração liberal, e acrescentou "três títulos, não contemplados nas constituições anteriores: da ordem econômica e social; da família, educação e cultura; e da segurança nacional" (p. 87).

> No Brasil, fica evidente a aproximação norte-americana, caracterizada por significativos empréstimos financeiros, cooperação técnica e importação de cultura, como músicas, filmes, produtos e mesmo valores, que impactaram a sociedade brasileira e sua organização.

Apesar disso, um modo de governar autoritário foi estabelecido, fortalecendo-se ainda mais a partir do golpe de 1937 – justificado por um suposto plano comunista que estaria para ser aplicado no Brasil. Uma nova Constituição foi promulgada (1937), na qual as disposições finais e transitórias estabeleciam poder centralizado, estado de emergência e suspensão de liberdades civis que o próprio documento garantia. Paradoxalmente, a deposição de Vargas em 1945 ocorreu por uma iniciativa militar – em ação semelhante àquela que o colocara no poder em 1930.

No contexto mundial, ressaltamos como principais questões a entrada do Brasil na Segunda Guerra Mundial (1941) e o final dessa Guerra em 1945, com suas consequências políticas e econômicas, como a divisão do mundo em dois blocos – capitalista, liderado pelos Estados Unidos, e socialista, liderado pela então União das Repúblicas Socialistas Soviéticas (URSS). A guerra fria teve início nesse momento, e se desdobrou por mais de quatro décadas, com intensas campanhas ideológicas para a conquista de adesões e legitimidade perante o mundo. No Brasil, fica evidente a aproximação norte-americana, caracterizada por significativos empréstimos financeiros, cooperação técnica e importação de cultura, como músicas, filmes, produtos e mesmo valores, que impactaram a sociedade brasileira e sua organização.

De acordo com Fausto (1999), no início dos anos de 1940 a população brasileira era de cerca de 41,1 milhões de habitantes, mais concentrados no Centro-Sul, que também era a região mais urbanizada. A industrialização havia se fortalecido. No plano político, o período de 1945 a 1964 ficou conhecido como *democrático* por não haver golpes e pelo fato de a população participar da escolha de seus representantes. Porém, consideramos todos os governos desse contexto como populistas (bem como o de Vargas), ou seja, buscaram conquistar amplo apoio da população, identificando-se com o povo e se autorreferindo como seu defensor e representante, em oposição a adversários e inimigos.

Após a deposição de Vargas, o General Eurico Gaspar Dutra foi eleito, havendo a promulgação de uma nova Constituição em 1946, com avanços e continuidades em relação à anterior. Esse governo, considerado legalista, foi muito duro em relação ao comunismo e aos sindicados, tornando clandestino o Partido Comunista Brasileiro, cassando o mandato de seus membros eleitos e controlando e coagindo o direito à greve.

Enquanto isso, Vargas buscava aliados, com uma campanha baseada "na defesa da industrialização e na necessidade de ampliar a legislação trabalhista" (Fausto, 1999, p.405), tendo sido eleito presidente em 1950. Da mesma forma que seu governo anterior, buscou ganhar apoio de diversos grupos, como trabalhadores, forças armadas e industriais. Sua política era desenvolvimentista, com investimentos públicos em infraestrutura, como transporte e energia. Em 1953 irromperam grandes greves, cuja causa era o aumento do custo de vida, devido à inflação. Tais manifestações significaram uma derrota política para Vargas, e seus opositores e uma campanha por sua renúncia começaram a se fortalecer, culminando no suicídio do presidente em 24 de agosto de 1954. No restante do mandato, o então vice-presidente Café Filho assumiu o cargo.

Na sequência, Juscelino Kubistchek (JK) foi eleito. Esse novo governo foi marcado por grande estabilidade política e otimismo em relação ao crescimento do país. Com o *slogan* "cinquenta anos em cinco" e um plano de metas voltado para objetivos de desenvolvimento em relação à energia, ao transporte, à alimentação, às indústrias de base, à educação e à construção da nova capital do país, Brasília, o governo foi administrativamente reorganizado. Suas ações foram caracterizadas como nacional-desenvolvimentistas, expressão que sintetiza "uma política econômica que procurava combinar o Estado, a empresa privada nacional e o capital estrangeiro para promover o desenvolvimento, com ênfase na industrialização" (Fausto, 1999, p. 427). Porém, os custos gerados por metas que exigiam grandes investimentos do governo foram graves, culminando em altas inflacionárias, empréstimos e dívidas externas.

Novas eleições, e Jânio Quadros foi eleito presidente (1960). Devido ao seu modo próprio de governar, sem consultar a base partidária no Congresso, foi conquistando inimigos mesmo entre aqueles que o apoiavam antes, e terminou por renunciar ao cargo (agosto de 1961). De acordo com a Constituição vigente, João Goulart, seu vice, deveria assumir o governo, porém a posse foi suspensa, pois os militares receavam sua associação aos sindicados e aos comunistas. Após negociações políticas que transformaram o sistema de governo brasileiro de presidencialista em parlamentarista, ele tomou posse em setembro do mesmo ano.

O panorama econômico do país nesse momento vinha se constituindo desde os anos 1950, e as Ligas Camponesas, o movimento estudantil, a Igreja Católica e os movimentos operários e sindicatos eram fortes atores sociais; os partidos políticos fragmentavam-se sob novas legendas ou mesmo internamente; e os militares reorganizavam-se e articulavam-se em torno das proposições da Escola Superior de Guerra (ESG)[a].

Em 1963 foi realizado um plebiscito, no qual foi aprovado o presidencialismo. Apesar desse resultado favorecer João Goulart, a economia piorava, com mais altas taxas de inflação e queda do Produto Interno Bruto (PIB). A situação foi se tornando insustentável e, no início de 1964, o presidente organizou comícios para evidenciar apoios, mas obteve o resultado inverso: sua imagem ficou mais associada ao comunismo. Como reação, foi organizada a Marcha da Família com Deus pela Liberdade, que reuniu cerca de 500 mil participantes. Ações militares e políticas acabaram por levar ao anúncio de que o cargo de presidente da República estava vago, sendo que este seria controlado pelos militares.

[a] A ESG foi criada pela Lei nº 785, de 20 de agosto de 1949. Entre seus fundadores estavam muitos oficiais que haviam participado da Força Expedicionária Brasileira, na Itália, sob comando dos Estados Unidos. Essa ligação com os EUA caracteriza a ESG desde sua idealização. Seu objetivo, conforme a lei mencionada, era "desenvolver e consolidar os conhecimentos necessários para o exercício das funções de assessoramento e direção superior e para o planejamento da segurança nacional".

4.1.1. Educação e escolarização no contexto do Estado Getulista e no Período Democrático (1930-1945 e 1945-1964)

O modo de governar de Getúlio Vargas, autoritário e centralizador, impactou no campo educacional, simultaneamente a discussões sobre o tema pelos intelectuais, em continuidade ao processo iniciado nos anos 1920. Ideias higienistas, eugenistas e cívicas ainda persistiam, e a escola permanecia como instituição em que orientações civilizatórias poderiam e deveriam ser propagadas. Nesse governo, porém, essas ideias são reorientadas em função de duas razões principais: a Segunda Guerra Mundial havia suscitado o questionamento internacional à eugenia e aos preconceitos raciais e o almejado sentimento nacionalista, em busca de uma "raça nacional forte e trabalhadora" (Veiga, 2007, p. 265). Desfiles cívicos, educação física, educação moral e cívica, canto orfeônico, são práticas ou disciplinas escolares por meio das quais o governo buscou fortalecer o espírito nacional.

Em relação a diretrizes políticas, no início dos anos 1930 podemos destacar a criação do Ministério da Educação e Saúde, a partir do qual o ministro Francisco Campos defendeu a necessidade de desenvolvimento de um sistema de ensino no país – o que foi ao encontro das demandas dos intelectuais. Ele empreendeu algumas reformas[b]: organizou e regulamentou o ensino comercial, que ficou dividido em cursos médios – de 1º e 2º ciclos, e curso superior de Finanças; e, quanto ao ensino secundário, passou a ser dividido em fundamental (5 anos) e complementar (2 anos), visando à preparação profissional, ou seja, não teria como finalidade exclusiva a preparação para o ensino superior. A principal crítica foi ao conteúdo enciclopédico de seu currículo; apesar disso, podemos observar a tentativa de oferecer uma educação básica geral no ciclo fundamental – com as disciplinas de Português, Francês, Inglês,

[b] Reforma universitária por meio do Decreto nº 19.851, de 11 de abril de 1931; do ensino comercial, por meio do Decreto nº 20.158, de 30 de junho de 1931; e do ensino secundário, por meio dos decretos nº 19.890, de 18 de abril de 1931, e 21.241, de 04 de abril de 1932.

> A escola permanecia como instituição em que orientações civilizatórias poderiam e deveriam ser propagadas.

Latim, Alemão (facultativo), História, Geografia, Matemática, Ciências Físicas e Naturais, Física, Química, História Natural, Desenho, Música (canto orfeônico) – e a dimensão propedêutica, no ciclo complementar (Romanelli, 1988, p. 135-136).

Em relação ao ensino superior, o Decreto nº 19.851 estabeleceu o Estatuto das Universidades Brasileiras, com as seguintes determinações:

> *[...] preferência ao sistema universitário para o desenvolvimento do ensino superior; as instituições isoladas seriam regidas pelo mesmo estatuto; criação e manutenção das universidades pela União, estados, sob a forma de fundação ou associações e pela iniciativa privada; autonomia para cada universidade elaborar seu estatuto de funcionamento (organização administrativa e didática), contudo, para a sua aprovação deveria ser submetida ao ministério; adoção da cátedra vitalícia e da livre-docência; incorporação da cultura científica; preparação de professores; exigência de pelo menos três cursos num rol de cinco (ciências e letras, direito, Educação, engenharia, medicina) para criação de uma universidade* (Veiga, 2007, p. 298)

Outra iniciativa do ministro Francisco Campos foi a criação do Conselho Nacional de Educação[c], com a finalidade de assessorá-lo, porém, em sua composição estavam previstos representantes do ensino superior e do ensino secundário, e nenhum do magistério dos cursos primário e técnicos, indicando as preocupações prioritárias daquele governo.

[c] Decreto nº 19.850, de 11 de abril de 1931.

Em 1932, diversos intelectuais brasileiros assinaram o Manifesto dos Pioneiros da Educação Nova, documento redigido por Fernando de Azevedo, que apresentava princípios liberais e propunha um amplo programa educacional, segundo o qual o Estado deveria ter papel central. As proposições do Manifesto foram amplamente discutidas na sociedade, pois se chocavam às do movimento conservador, associado ao pensamento católico e ao governo autoritário.

A Constituição de 1934, de certa forma, resultou desse debate:

- estabelecimento da União como responsável por traçar as diretrizes gerais da educação nacional e os estados responsáveis pela organização e manutenção dos sistemas de ensino;
- gratuidade do ensino primário e necessidade de frequência obrigatória;
- criação de conselhos de educação;
- obrigação do Estado de aplicar recursos em educação – conquistas do movimento liberal; por outro lado, o grupo conservador também teve seu espaço, com a orientação do ensino religioso nas escolas públicas primárias – embora de frequência facultativa – e a isenção tributária para estabelecimentos particulares de ensino.

Com o Estado Novo e a Constituição de 1937, a competência da União foi ampliada, pois ela deveria fixar bases e diretrizes para a educação nacional. Por outro lado, o dever do Estado foi diminuído: a gratuidade, embora mantida, não era absoluta, pois quem não alegasse pobreza deveria pagar uma contribuição mensal. Finalmente, o ensino religioso ganhou mais força, com a possibilidade de ser matéria das escolas primárias, normais e secundárias.

O então ministro da Educação e Saúde Pública, Gustavo Capanema, criou o Instituto Nacional de Estudos Pedagógicos (Inep), nomeando Lourenço Filho para organizá-lo, e estabeleceu as Leis Orgânicas de Ensino, iniciadas em 1942 e concluídas em 1946[d]. Apesar da mudança no panorama político, devemos compreender todo o conjunto dessas leis como articulado em relação ao contexto e ao papel da escolarização, em seus diversos níveis e modalidades.

[d] Mesmo as Leis Orgânicas de 1946 foram elaboradas por Capanema, durante o Estado Novo; somente foram promulgadas no governo seguinte.

Quadro 4.1 – Leis Orgânicas de Ensino ou Reforma Gustavo Capanema

LEI ORGÂNICA	DECRETO-LEI/ DATA	DIRETRIZES
Do ensino industrial	nº 4.073 30/01/1942	Organizado em: 1º ciclo – 4 anos (básico) + curso de mestria[e] (2 anos); 2º ciclo – cursos técnicos (3 a 4 anos) e curso de formação de professores (pedagógico – 1 ano). Estabeleceu como de responsabilidade dos empregadores o ensino dos ofícios e a manutenção de aprendizes, bem como sediarem as escolas de aprendizagens.
		[e] De acordo com o art. 9 deste decreto: "§ 2º Os cursos de mestria tem por finalidade dar aos diplomados em curso industrial a formação profissional necessária ao exercício da função de mestre".
Do ensino secundário	nº 4.244 09/04/1942	Organizado em: 1º ciclo (ginasial) e 2º ciclo (clássico ou científico).
Do ensino comercial	nº 6.141 28/12/1943	Organizado em: 1º ciclo – 4 anos (básico) e 2º ciclo – cursos técnicos de comércio, propaganda, administração, contabilidade, estatística e secretariado (3 anos).
Do ensino primário	nº 8.529 02/01/1946	Organizado em duas modalidades: fundamental – elementar (4 anos) + complementar (1 ano), para crianças entre 7 e 12 anos; e supletivo (2 anos) para jovens e adultos.

(continua)

(Quadro 4.1 – conclusão)

Do ensino normal	nº 8.530 02/01/1946	Organizado em cursos de dois níveis: 1º ciclo (4 anos) formação de regentes para o ensino primário e 2º ciclo (3 anos) formação de professor primário.
Do ensino agrícola	nº 9.613 20/08/1946	Organizado em: 1º ciclo – 4 anos (básico) + curso de mestria (2 anos); 2º ciclo – cursos técnicos (3 a 4 anos). Previa 3 tipos de cursos pedagógicos (2 anos): economia rural doméstica, didática de ensino agrícola e administração de ensino agrícola.

Fonte: elaborado com base em Romanelli, 1988, p. 153-165.

Podemos notar a grande importância dada, nesse momento, ao ensino técnico-profissionalizante, em acordo com a preocupação governamental de desenvolvimento da industrialização do país, devido ao contexto de guerra na Europa e à política de substituição de importações de Vargas. Em complemento às diretrizes para essa modalidade de ensino, ocorreu a criação do Serviço Nacional de Aprendizagem Industrial (Senai) em 1942, e do Serviço Nacional de Aprendizagem Comercial (Senac) em 1946, ambos submetidos ao Ministério do Trabalho[f].

[f] Respectivamente, Decreto-lei nº 4.048, de 22 de janeiro de 1942 e Decretos-leis nº 8.621 e 8.622, de 10 de janeiro de 1946.

Em relação ao ensino secundário, destacamos sua função: proporcionar uma sólida cultura geral, voltada para o patriotismo e à consciência humanística. Esse objetivo se refletiu no currículo, enciclopédico como o da reforma anterior, embora de caráter mais amplo na formação de cultura geral e humanística no 2º ciclo, clássico ou científico. A ênfase formativa era estabelecida na carga horária de cada disciplina, no curso.

Quadro 4.2 – Estrutura curricular do ensino secundário a partir da Reforma Gustavo Capanema

Ciclo	Disciplinas
1º – Ginasial 4 séries	Português, Francês, Inglês, Latim, Matemática, Ciências Naturais, História Geral, História do Brasil, Geografia Geral, Geografia do Brasil, Trabalhos Manuais, Desenho, Canto Orfeônico.
2º – Curso Clássico 3 séries	Português, Latim, Grego (optativo), Francês (optativo), Inglês (optativo), Espanhol, Matemática, História Geral, História do Brasil, Geografia Geral, Geografia do Brasil, Física, Química, Biologia, Filosofia.
2º – Curso Científico 3 séries	Português, Francês, Inglês, Espanhol, Matemática, Física, Química, Biologia, História Geral, História do Brasil, Geografia Geral, Geografia do Brasil, Desenho, Filosofia.

Fonte: elaborado com base em Romanelli, 1988, p. 157-158.

Sobre o ensino primário, até então, como ele era de responsabilidade dos estados, muito pouca atenção havia recebido do governo federal. Essa situação propiciou uma falta de organização no sistema, por isso podemos compreender a Lei Orgânica do Ensino Primário (1946) como a primeira iniciativa de organização federal da educação primária no Brasil.

Quadro 4.3 – Estrutura curricular do ensino primário a partir da Reforma Gustavo Capanema

Curso	Disciplinas
Primário elementar 4 anos	Leitura e linguagem oral e escrita, Iniciação à Matemática, Geografia e História do Brasil, Conhecimentos gerais aplicados à vida social, à educação para a saúde e ao trabalho, Desenho e Trabalhos Manuais, Canto Orfeônico, Educação Física.

(continua)

(Quadro 4.3 – conclusão)

Primário complementar 1 ano	Noções de Geografia Geral, História das Américas, Ciências Naturais e Higiene.
Primário supletivo 2 anos	Leitura e Linguagem Oral e Escrita, Aritmética e Geometria, Geografia e História do Brasil, Ciências Naturais e Higiene. Noções de Direito usual (legislação do trabalho, obrigações da vida civil e militar), Desenho, Economia Doméstica e Puericultura (somente para as alunas).

Fonte: elaborado com base em Romanelli, 1988, p. 160-161.

Além disso, essa lei estabeleceu diretrizes que contemplavam princípios enunciados no manifesto de 1932, como a gratuidade, a obrigatoriedade, o planejamento educacional e a previsão de recursos orçamentários dos estados para a implantação do sistema, abrangendo desde construções e aparelhamento escolar até funcionários administrativos, formação de corpo docente e plano de carreira.

Muitas das orientações sobre o corpo docente presentes na Lei Orgânica do Ensino Primário foram atendidas complementarmente na Lei Orgânica do Ensino Normal, que estabelecia como suas finalidades: "Prover a formação do pessoal docente necessário às escolas primárias; 2. Habilitar administradores escolares destinados às mesmas escolas; 3. Desenvolver e propagar os conhecimentos e técnicas relativas à Educação da infância". Em relação ao currículo, destacamos a ênfase na cultura geral, em detrimento da formação profissional, embora no 2º ciclo o problema seja menor.

Quadro 4.4 – Estrutura curricular do ensino normal a partir da Reforma Gustavo Capanema

Curso	Disciplinas
1º ciclo – 4 anos Escolas Normais Regionais	Português, Matemática, Geografia Geral, Geografia do Brasil, História Geral, História do Brasil, Ciências Naturais, Anatomia e Fisiologia Humanas, Higiene, Educação Física, Desenho e Caligrafia, Canto Orfeônico, Trabalhos Manuais, Psicologia e Pedagogia, Didática e Prática de Ensino.
2º ciclo – 3 anos Escolas Normais	Português, Matemática, Física e Química, Anatomia e Fisiologia Humanas, Música e Canto Orfeônico, Desenho e Artes Aplicadas, Educação Física, Recreação e Jogos, Biologia Educacional, Psicologia Educacional, Higiene, Educação Sanitária, Puericultura, Metodologia eo Ensino Primário, Sociologia Educacional, História e Filosofia da Educação, Prática do Ensino.

Fonte: elaborado com base em Romanelli, 1988, p. 164-165.

A Constituição de 1946 marcou o momento democrático iniciado no Brasil a partir da deposição de Vargas, período de forte organização de movimentos sociais e greves, além do fim da Segunda Guerra Mundial e o início da Guerra Fria. De acordo com Oliveira (2001), essa Constituição refletiu as contradições daquele contexto, "entre a manutenção das desigualdades e a emergência das massas populares como agente a ser considerado" (p. 164).

De forma geral, ela contemplou ideais liberais enunciados no Manifesto de 1932. Novamente o ensino religioso foi debatido: os argumentos contrários referiam-se à separação entre a Igreja e o Estado – portanto o ensino público deveria ser laico – e aos custos e dificuldade de sua execução nas escolas; ao final, foi

> A educação, direito de todos, deveria ter suas bases e diretrizes estabelecidas pela União, e ser ofertada no lar e na escola.

estabelecido como disciplina de matrícula facultativa. Ainda, a educação, direito de todos, deveria ter suas bases e diretrizes estabelecidas pela União, e ser ofertada no lar e na escola: a discussão desse tema envolveu os limites de interferência do Estado na educação familiar, bem como o cuidado em que ele não se desonerasse de sua responsabilidade, daí a obrigatoriedade de aplicação mínima de 10% da arrecadação de impostos da União e de 20% para estados, Distrito Federal e municípios, para a manutenção e desenvolvimento do ensino (Oliveira, 2001, p. 180-182).

> A LDB estabeleceu a educação nacional como "inspirada nos princípios de liberdade e nos ideais de solidariedade humana".

Em 1948 uma comissão para iniciar a elaboração da Lei de Diretrizes e Bases (LDBEN) foi instituída na Câmara Federal, sob a presidência de Lourenço Filho. Entre os debates e sua aprovação se passaram 13 anos, permeados por importantes discussões e por avanços e recuos, entre os liberais e os conservadores, e a Lei nº 4.024 – LDBEN – foi aprovada em 20 de dezembro de 1961, marcada por conquistas de ambos os lados, ou seja, com algumas contradições internas.

A LDBEN estabeleceu a educação nacional como "inspirada nos princípios de liberdade e nos ideais de solidariedade humana" (art. 1º), "direito de todos, a ser dada no lar e na escola" (art. 2º); e atribuiu ao Ministério da Educação e Cultura (MEC)[g] a responsabilidade de "velar

[g] O Ministério da Educação e Cultura foi criado em 1953, a partir do desmembramento do Ministério da Educação e da Saúde Pública.

pela observância das leis do ensino e pelo cumprimento das decisões do Conselho Federal de Educação" (art. 7º). O sistema de ensino ficou assim organizado:

- educação de grau primário (pré-primário e primário de 4 anos);
- educação de grau médio (subdividido em ginasial e colegial, de 4 e 3 anos, respectivamente, e compreendendo o ensino secundário, o técnico e o normal);
- ensino de grau superior (graduação, pós-graduação, especialização, aperfeiçoamento e extensão).

A Lei nº 4.024 estabeleceu a obrigatoriedade do ensino primário a partir de 7 anos (art. 27) e indicou possíveis exceções (art. 30). Em relação ao financiamento, a responsabilidade percentual da União passou a 12% por ano, e a dos estados, Distrito Federal e municípios foi mantida em 20%, além de serem previstos subsídios públicos para instituições particulares. Em relação ao currículo, não houve uma orientação única para toda a educação nacional, um importante elemento descentralizador, embora na prática o currículo existente tenha permanecido com a possibilidade de inclusão de disciplinas optativas, sob avaliação prévia do Conselho Federal de Educação (Brasil, 1961).

Instalado em fevereiro de 1962, esse Conselho aprovou o Plano Nacional de Educação, com algumas metas quantitativas, a serem atingidas até 1970 (aqui citado por Romanelli, 1988, p. 185):

1. Ensino Primário – matrícula até a quarta série de 100% da população escolar de 7 a 11 anos de idade e matrícula na quinta e sexta séries de 70% da população escolar de 12 a 14 anos.

2. *Ensino Médio* – matrícula de 30% da população escolar de 11/12 a 14 anos, nas duas primeiras séries do ciclo ginasial; matrícula de 50% da população escolar, de 13 a 15 anos, nas duas últimas séries do ciclo ginasial; e matrícula de 30% da população, de 15 a 18 anos, nas séries do ciclo colegial.
3. *Ensino Superior* – expansão da matrícula até a inclusão, pelo menos, da metade dos que terminaram o curso colegial.

Podemos considerar essa proposição muito ousada, diante do panorama populacional e educacional do período:

Tabela 4.1 – Dados populacionais e educacionais brasileiros – 1960

População brasileira total – 70.191.370	População urbana – 31.533.681 (44,93%)	População rural – 38.657.689 (55,07%)
População com 5 e mais anos – total 58.997.981	População com 5 e mais anos – sabe ler e escrever 31.362.783 (53,16%)	População com 5 e mais anos – não sabe ler e escrever 27.578.971 (46,84%)
População com 5 e mais anos – sabe ler e escrever 31.362.783	População com 5 e mais anos urbana – sabe ler e escrever 19.215.514 (61,27%)	População com 5 e mais anos rural – sabe ler e escrever 12.147.269 (38,73%)
Estudantes de grau elementar* 8.358.819 (88,23%)	Estudantes de grau médio** 1.058.097 (11,17%)	Estudantes de ensino superior 51.659 (0,55%)

Fonte: IBGE, [s.d.].

* Não estão somados 5.311 estudantes sem declaração de grau (0,05%).
** Primeiro e segundo ciclos, somados.

Com a população ainda predominantemente rural, o Brasil tinha mais da metade da população de mais de 5 anos de alguma forma alfabetizada, mas precariamente. Porém, é possível percebermos, mesmo que de forma gradativa, como o acesso à escola em seus diversos níveis ia se firmando.

Tabela 4.2 – Matrícula geral nos ensinos primário comum, médio e superior: Brasil (1933-1968)

Ano	Primário comum	Médio – secundário e técnico	Superior – graduação
1933	2.107.617	108.305	22.851*
1940	3.068.269	245.115	20.017*
1950	4.352.043	538.346	44.458*
1960	7.458.002	1.177.427	93.202
1968	11.943.506	3.205.689	278.205

Fonte: elaborado com base em Hasenbalg, 2006, p. 106.

* De acordo com Hasenbalg, não inclui todo o ensino superior da época.

pare e pense

Embora a diferença no acesso, conforme o nível de ensino, seja visível em seu afunilamento, devemos reconhecer os avanços, considerando que somente a partir da década de 1930 é que recursos de infraestrutura social começaram a ser desenvolvidos no país.

4.2
Contexto brasileiro na Ditadura Civil-Militar (1964-1985)

Inicialmente, a ação militar do final de março e início de abril de 1964 não foi compreendida como golpe. Muitos registros evidenciam o sentimento coletivo de que algo precisava ser feito, e os militares tiveram apoio da população, de vários grupos sociais e de instituições, para restabelecer a ordem no país. Porém, a expectativa era a de que seria uma intervenção curta e transitória, até que ocorressem novas eleições. Aos poucos, ficaram claros os esforços da parte dos militares em permanecer no poder, e a supressão de direitos, a repressão e a censura passaram a ser utilizadas para esse fim. Foi a partir dessa percepção que iniciaram questionamentos a esse governo.

Por meio de Atos Institucionais, foi estabelecido um regime autoritário, centralizado e repressivo. Órgãos de controle e vigilância exercem forte cerceamento a manifestações, individuais ou coletivas, contrárias aos militares, que eram compreendidas como oposição e desordem, prejudiciais ao progresso do país – constituindo-se assim como justificativa para a repressão.

A Constituição de 1967 foi uma tentativa de atualização da Constituição de 1946 em função das mudanças estabelecidas pelos Atos Institucionais e dos princípios orientadores da Revolução[h].

[h] Assim os militares chamavam o período a partir de abril de 1964.

A Escola Superior de Guerra (ESG) exerceu forte influência orientadora nas ações dos governos militares, em especial a partir de sua compreensão sobre o desenvolvimento do Brasil, como ressalta Debert (2004, p. 4):

> *A ESG se coloca como adjuvante do Estado Moderno, que tem como objetivo levar a cabo o planejamento – uma questão técnica e científica – capaz de promover aceleradamente o desenvolvimento econômico. A democracia é um termo que assume uma polivalência muito grande: Estado interventor, manutenção da propriedade privada e é, ao mesmo tempo, um sentimento que deve guiar os indivíduos em todas as esferas da vida cotidiana. [...] Trata-se de um processo de reeducação tanto do povo como das elites, na família, na religião, nos clubes esportivos, etc. [...] Não se trata de uma filiação automática aos interesses norte-americanos, mas de uma pressão para que aqui seja implantado um novo programa, capaz de acelerar o desenvolvimento. A crítica ao capital estrangeiro é acirrada na ESG, sua entrada exige um controle estrito, mas é a única forma de desenvolver o país.* (Debert, 2004, p. 4)

A doutrina da ESG dominou todo o período do regime militar brasileiro. O milagre econômico, período compreendido entre 1969 a 1973, de forte crescimento, derivado de elevados empréstimos, e a crise que o país enfrentou a partir dos anos 1980 decorreram de seu grande endividamento e da dependência de recursos externos, como o petróleo (Fausto, 1999, p. 485).

A partir de 1974, houve um princípio de abertura política, com muitos avanços e recuos, resultados de tensões internas entre os militares e os movimentos sociais e políticos, que se organizavam e fortaleciam. Em 1982, houve eleições diretas para governadores e as oposições, que começavam a se fortalecer em âmbito municipal, conquistaram cargos importantes.

Um desdobramento desse processo foi o início da campanha das Diretas Já, que terminou em frustração nacional, quando a Emenda Dante de Oliveira, que previa o restabelecimento de eleições diretas para presidente da República, não foi aprovada. Mesmo assim, as mobilizações políticas, sociais e populares em torno da campanha haviam indicado que a ditadura chegava ao seu fim, o que ficou mais evidente quando nas eleições indiretas para presidente, em 1985, Tancredo Neves, candidato de oposição, foi vitorioso, em relação ao candidato dos militares, Paulo Maluf. Porém, nova frustração derivou dessa eleição, pois Tancredo Neves adoeceu e faleceu, resultando na posse de seu vice, José Sarney, como presidente[i], o que marcou o término da Ditadura Civil-Militar no Brasil.

---

[i] Houve muitos questionamentos acerca da legitimidade de Sarney assumir o cargo de presidente, uma vez que o presidente eleito não havia tomado posse.

4.2.1. Educação e escolarização no contexto da Ditadura Civil-Militar (1964-1985)

Podemos destacar, no período de 1964 a 1985, três grandes marcos para a educação: a Constituição de 1967 e as Leis nº 5.540/1968 – reforma do ensino superior – e nº 5.692/1971 – 1º e 2º graus.

De acordo com Horta (2001, p. 217), a nova Constituição não estabeleceu a vinculação de recursos orçamentários, mas previa:

> *a gratuidade do ensino oficial para todos deveria ser estendida ao ensino secundário; a gratuidade no ensino superior estaria condicionada não apenas à falta ou insuficiência de recursos dos alunos mas também ao seu "excepcional merecimento" e seria permitido ao Estado remunerar os professores de religião.*

[j] Teoria proposta por Theodore W. Schultz, em 1950, nos Estados Unidos, que visava explicar os fatores que ocasionavam os diferentes níveis de desenvolvimento socioeconômico entre os países. Um de seus principais argumentos era a relação direta entre qualificação, força de trabalho e crescimento econômico.

A partir das diretrizes da ESG, a educação deveria cumprir papel essencial no progresso do país. Nesse sentido, não podemos ignorar a influência da Teoria do Capital Humano[j] nas proposições políticas dos militares, associada às ideias desenvolvimentistas e às relações econômica, política e técnica com os Estados Unidos, as quais marcaram as décadas de 1960 e 1970, no Brasil[k], como os acordos estabelecidos entre o MEC e o Usaid (United States Agency for International Development) que ocorreram entre 1964 e 1976.

De acordo com Vieira e Farias (2007), a Lei nº 5.540/1968 foi resultado de demandas anunciadas desde a década de 1940, e debatidas em fóruns estudantis e do

[k] Essas relações se fortaleceram, lembrando que no panorama internacional a Guerra Fria ainda ocorria, e que parte da justificativa dos militares para sua intervenção em 1964 foi em função do combate ao comunismo.

governo, nos anos 1960. Mais concretamente, as autoras indicam três documentos determinantes para as proposições finais dessa lei: um estudo do Associação Internacional de Desenvolvimento (AID), desenvolvido por Rudolph Atcon em 1965, com recomendações para o ensino universitário do Brasil, o Relatório da Equipe de Assessoria ao Planejamento do Ensino Superior do MEC[l], e o Relatório Meira Mattos[m], concluído em maio de 1968. Este último orientou os termos da Lei 5.540/1968. Essa Reforma não pode ser dissociada da grande preocupação que perpassou as políticas dos governos militares quanto ao planejamento, racionalização e eficiência – comumente designados, de forma superficial, sob o termo *tecnicismo* –, princípios que foram aplicados à reforma universitária, envolvendo questões administrativas, burocráticas e pedagógicas.

[l] Produzido internamente ao MEC para subsidiar a elaboração da Lei nº 5.540/1968.

[m] Meira Mattos era militar (coronel) pertencente à Escola Superior de Guerra.

Também na Lei nº 5692/1971 – que reformou o então ensino primário e secundário, transformando-o em 1º e 2º graus, e estabeleceu a obrigatoriedade do ensino profissionalizante no 2º grau – estava muito presente a ênfase desenvolvimentista, relacionada ao processo de urbanização e industrialização, crescentes, e às demandas por profissionalização, advindas de parte da população. Essa lei foi elaborada por um Grupo de Trabalho, indicado pelo então presidente Emílio G. Médici, em maio de 1970, e sancionada sem nenhum veto, um importante indicador da consonância de suas proposições com as preocupações e prioridades do governo.

Em relação à estrutura, a Lei nº 5.692/1971 reorganizou o antigo primário e o ginásio, unificando-os em 1º grau, com oito séries, obrigatório para crianças de 7 a 14 anos; e reformulou o secundário (2º grau) – que passou a ter formação profissionalizante obrigatória, e três ou quatro anos de duração (conforme a habilitação profissional).

O Parecer nº 853/1971 do Conselho Federal de Educação estabeleceu o núcleo comum para todo o território nacional, para os currículos de 1º e 2º graus. De acordo com Valério (2007), este era composto pelos núcleos de comunicação e expressão, ciências e estudos sociais, com as seguintes disciplinas obrigatórias: "Língua Portuguesa; Língua Estrangeira Moderna (2º grau); Educação Artística; Educação Física; [...] Matemática, Física, Química, Biologia; Programas de Saúde; [...] Geografia, História; Organização Social e Política Brasileira (OSPB); Educação Moral e Cívica" (p. 37). A dimensão de formação especial, ou a parte diversificada desses currículos, deveria ser definida em âmbito regional e aprovada pelos Conselhos e pelas Secretarias Estaduais de Educação.

A Lei nº 5.692/1971 veio ao encontro de muitas demandas sociais, e em um primeiro momento[n] recebeu poucas críticas. Os problemas foram evidenciados à medida de sua implantação, com destaque para a perda de espaço, na matriz curricular, das disciplinas da área de humanas – por exemplo: História e Geografia tiveram seus conteúdos específicos esvaziados; a introdução obrigatória de disciplinas de cunho cívico, como educação moral e cívica e organização social e política brasileira; a precariedade de recursos humanos e materiais para a implantação das habilitações profissionais; a retirada de conteúdos do 2º grau que eram solicitados em vestibulares – em seus lugares foram colocadas disciplinas relativas à formação profissionalizante, o que implicou o crescimento do número de cursinhos preparatórios; o favorecimento para a expansão da rede privada de ensino, por meio de subsídios públicos; e a

> n
> Devemos lembrar que nesse período a repressão e controle do regime militar ainda eram muito fortes, o que certamente contribuiu para que poucas críticas fossem publicadas.

formação aligeirada de professores (licenciaturas curtas, com dois anos de duração) permitida para atender às demandas da expansão no acesso à escola pública, que de fato ocorreu nesse período.

Quadro 4.7 – Matrícula no início do ano nos ensinos de 1º grau, 2º grau e superior: Brasil (1972-1985)

Ano	1º GRAU - FUNDAMENTAL	2º GRAU - MÉDIO	SUPERIOR - GRADUAÇÃO
1972	18.370.744	1.299.937	688.382
1978	21.473.100	2.519.122	1.225.557
1985	24.769.359	3.016.138	1.367.609

Fonte: elaborado com base em Hasenbalg, 2006, p. 106.

Porém, essa expansão quantitativa agravou alguns problemas já existentes na educação, por exemplo,

> *através da diminuição da jornada escolar e do aumento de turnos [...]. O número de "professores leigos" [...] aumentou de 5,4% de 1973 a 1983. Os salários e as condições de trabalho dos professores sofreram deterioração, e as escolas se degradaram. A taxa de repetência na 1ª série do 1º grau passou de 27,2%, em 1973, para 34,2%, em 1983.* (Gonçalves, 2003, p. 15)

pare e pense

Dessa forma, apesar de todos os questionamentos feitos às duas grandes reformas educacionais desse período, notamos que quantitativamente houve conquistas, mas não foram acompanhadas de recursos orçamentários, humanos, materiais e pedagógicos necessários para a solução de problemas, derivados da própria expansão e do novo público ao qual foi permitido o acesso à escolarização em todos os níveis.

Nas décadas seguintes, surgiram outros desdobramentos em relação à educação, o que abordaremos no tópico 4.3.1.

4.3
Contexto brasileiro no final do século XX e início do XXI

No governo de Sarney (1985-1990) a atenção da população voltou-se para a discussão da Assembleia Nacional Constituinte, permeada por pressões de diferentes grupos sociais e sindicais. A nova Constituição foi promulgada em 5 de outubro de 1988.

Sarney herdou uma significativa dívida externa e uma situação econômica interna bastante complexa. Buscou controlar de forma recessiva a economia, mas a inflação não diminuiu°. Nesse contexto, começou a haver uma mudança no discurso a respeito do Estado: as empresas estatais passaram a ser consideradas parcialmente responsáveis pela crise.

° A partir daí, teve início a era dos planos: Cruzado (1986), Bresser (1987) e Verão (1989), todos com o objetivo de combater a inflação e estabilizar a economia, e todos fracassaram.

A crise do Estado estava se evidenciando, com o questionamento de seu papel e funções perante a sociedade e a tendência privatizante que a acompanhou. Segundo Fiori (1996, p. 147), o período desenvolvimentista do país, caracterizado por uma forte influência autoritária,

deixa uma herança de desorganização política entre os principais grupos de interesse; de baixo índice de participação e controle da população sobre o exercício da autoridade pública em todos os níveis; de baixo grau de institucionalização e de escassíssima experiência e flexibilidade, sobretudo das elites, para a aceitação dos conflitos e o exercício da convivência política entre os 24 estados que compõem a federação

> *brasileira. Isso dá uma dimensão aproximada do que tem sido o desafio da construção das condições democráticas de governabilidade, simultaneamente à administração da crise econômica e o esboço coletivo do horizonte final dessa nova ruptura-transição pelo Brasil.*

Nas eleições diretas para presidente, em 1989, Fernando Collor de Mello foi eleito; lançou os Planos Collor I e II, para controle da inflação, que fracassaram, resultando em um aprofundamento da crise econômica e do Estado, além de implicar também o agravamento da crise social. Em 1992 houve o processo de seu *impeachment*, sob a acusação de corrupção, com grande mobilização popular e a aprovação do Congresso Nacional. Itamar Franco assumiu a presidência da República; seu governo, em geral, ficou associado a uma imagem de conservador e lento nas decisões políticas.

> *O Plano Real foi lançado em 1994, promovendo uma enérgica intervenção regulatória na economia, e conseguiu conter os índices de inflação. Nas eleições de outubro deste mesmo ano Fernando Henrique Cardoso foi eleito presidente. Ele deu continuidade ao Plano econômico, além de propor uma série de reformas constitucionais: administrativa, fiscal, previdenciária e a eliminação de monopólios estatais, seguindo parte das nove recomendações estabelecidas no Consenso de Washington[p] (1989) [...]: 1) redução dos déficits orçamentários e do déficit operacional [...]; 2) prioridade dos gastos públicos, redirecionando [...] para áreas [...] com alto retorno econômico e potencial, para melhorar a distribuição de renda, como saúde, Educação e infraestrutura; [...] 8) privatização de empresas estatais; [...]. (Gonçalves, 2008, p. 98-99)*

No Brasil, essas medidas tiveram como repercussão imediata uma fase de ganho de credibilidade internacional e também interna, devido à estabilidade monetária gerada. Porém, aos poucos, o Estado foi encontrando dificuldade em cumprir sua agenda social.

p
Diretrizes técnicas para a recuperação econômica de países latino-americanos, definidas no International Institute of Economy, nos Estados Unidos (Gonçalves, 2008, p. 98).

Em 1997, a economia brasileira foi afetada pela crise mundial desencadeada pela queda das bolsas de valores dos países do sudeste asiático. O governo lançou um pacote fiscal, visando minimizar os efeitos da crise, o que levou a um grande descontentamento popular, em razão de reflexos desse plano, como o aumento do desemprego. Apesar desse panorama, Fernando Henrique Cardoso foi reeleito em 1998. No segundo mandato esse governo enfrentou críticas mais severas, aliadas a uma crescente rejeição por parte da população, e manteve suas diretrizes, embora não conseguindo completar o processo de reforma do Estado.

Em 2002, Luis Inácio Lula da Silva foi eleito presidente do Brasil, tomando posse em meio a grandes expectativas de que um governante de trajetória operária e sindical, de um partido até então compreendido como de esquerda e ético, coordenasse mudanças nas políticas econômicas e sociais do país. Houve frustração em dois aspectos, principalmente: a manutenção, em linhas gerais, das políticas econômicas e de reforma do Estado, e a evidenciação de que o Partido dos Trabalhadores (PT) não mais configurava um exemplo em relação à coerência com sua trajetória histórica, nem com suas defesas pela ética na política.

Talvez um dos elementos mais marcantes desse governo seja a expansão em grande escala do Programa Bolsa Família e de outros projetos de característica assistencial. Tais ações, ao mesmo tempo em que recebem elogios dos defensores do governo, por permitirem às camadas mais pobres da população o acesso a bens e serviços, são alvo de críticas, no sentido de que reforçam a dependência dos mais carentes a tais programas, ao invés de o governo estabelecer políticas que gerem mais empregos, renda, e, assim, possibilitar a independência dessas famílias.

Em 2006, ocorreu a reeleição de Lula. O PIB continuou em ascensão, o que foi ofuscado no final de 2008, quando uma crise iniciada nos Estados Unidos abalou a economia mundial, atingindo também o Brasil. Ainda, a imagem do PT e do governo mais uma vez foi atingida, com várias denúncias de ingerência e de mau uso de cartões corporativos. Porém, é interessante destacarmos que em muitas pesquisas a popularidade do presidente não foi abalada, evidenciando uma dissociação, por grande parte da população, entre partido, equipe de governo, e Lula.

4.3.1 Educação e escolarização no contexto do final do século XX e início do XXI

Pinheiro (2001) afirma que na Assembleia Constituinte a questão público-privado foi grandemente disputada, com forte participação da sociedade civil e de acadêmicos, além de técnicos e políticos, porém, mais uma vez, "o público foi confundido com o privado no campo do ensino. Assuntos da esfera privada, como a religião, são trazidos para a esfera pública, contrariando e negando seu pluralismo" (p. 288). O mesmo ocorreu com a questão do financiamento público a instituições privadas de ensino. Na Constituição de 1988 a educação é considerada direito de todos e dever do Estado e da família, devendo ser promovida e incentivada com a colaboração da sociedade. Ela ainda determina a obrigatoriedade do ensino fundamental, sem relacioná-lo a uma idade específica, e estabelece a vinculação orçamentária à educação – de 18% para a União, e 25% para estados, Distrito Federal e municípios.

A partir da década de 1980, as crises simultâneas – econômica, do Estado, do Estado de bem-estar social – trouxeram novos desafios à educação, e a ênfase governamental passou a ser a eficiência do funcionamento das instituições escolares e a qualidade de seus resultados. Ressaltamos a influência de organizações internacionais no estabelecimento dessas diretrizes, fixadas para o Estado como um todo. Coerentes com o processo de reforma do Estado, iniciativas de descentralização e racionalização foram desenvolvidas como políticas públicas e educacionais. Além disso, de acordo com Afonso (2000), a avaliação de políticas e programas sociais se tornou um desafio, não só para os governos, mas também para a sociedade civil.

Nesse programa de mudanças devemos inserir outro elemento para discussão, no que diz respeito à educação: o seu papel frente ao desenvolvimento nacional e à desigualdade vigente na sociedade brasileira. Considerando o processo de globalização, as novas exigências do mercado de trabalho, a disseminação tecnológica e a redução de vagas de trabalho, em especial para mão de obra menos qualificada, prover a população com educação de qualidade (em conjunto com outros recursos sociais, obviamente) se constitui fator fundamental para fomentar a possibilidade de crescimento econômico no país. Além disso, o estágio educacional da população tem seus reflexos em diversos outros setores, como a saúde, a participação social e política, a cidadania e, de forma genérica, no desenvolvimento e no bem-estar social dessa mesma sociedade.

> Para bem compreender as diretrizes políticas do país, também precisamos situá-lo no contexto internacional, considerando as profundas mudanças e questionamentos estruturais em desenvolvimento no mundo, e a forma como essas reformulações atingem o Brasil.

Em uma tentativa de corrigir distorções orçamentárias na área educacional, foi criado o Fundo de Desenvolvimento do Ensino

Fundamental e de Valorização do Magistério (Fundef), em 1996, entrando em vigor a partir de 1998. Ele reunia 15% dos impostos arrecadados pelos estados e municípios, redistribuídos mensalmente de acordo com o número de alunos matriculados na rede pública de ensino fundamental, assegurando um valor mínimo anual por aluno.

Também em dezembro de 1996 ocorreu a aprovação da Lei nº 9.394/1996, a Lei de Diretrizes e Bases da Educação Nacional (LDBEN), após oito anos de tramitação. As principais mudanças quanto ao ensino fundamental foram:

- critérios mais flexíveis na avaliação do aproveitamento escolar;
- instrumentos para combater a repetência e a defasagem escolar;
- aumento da carga horária, de 667 para 800 horas-aula anuais;
- descentralização e maior autonomia pedagógica;
- determinação de criação dos Parâmetros Curriculares Nacionais (PCN);
- organização do sistema de ensino em educação básica – composta pela educação infantil, ensino fundamental (8 anos) e ensino médio (3 anos) – e em ensino superior.

É importante compreender o contexto histórico que envolveu essa lei, desde sua proposição até seus trâmites e a sua aprovação, como ressaltam Silva e Machado (1998, p. 31):

Inaugurado como expressão da vontade coletiva e marcado pela lógica do direito à Educação e do dever do Estado em atendê-lo, o projeto inicial foi sendo esvaziado em função das exigências de uma

> *nova realidade que passou a se configurar a partir da inserção mais intensa do país no livre jogo da economia de mercado cada vez mais global e, consequentemente, da revisão do papel do Estado em função dos parâmetros da "nova ordem mundial"...*

Ou seja, para bem compreender as diretrizes políticas do país, também precisamos situá-lo no contexto internacional, considerando as profundas mudanças e questionamentos estruturais em desenvolvimento no mundo, e a forma como essas reformulações atingem o Brasil.

Embora haja ainda poucos estudos aprofundados relativos à educação no período mais recente, em especial sobre os primeiros anos do século XXI, algumas preocupações e expectativas, relacionadas ao governo Lula – em seus dois mandatos – são perceptíveis. Por exemplo: Davies (2004, p. 246) informa que seu artigo

> *faz um rápido levantamento das políticas do Governo Lula para o financiamento da Educação, apontando o caráter vago e lacônico do seu programa de governo, a promessa ainda não cumprida de rever os vetos de FHC ao Plano Nacional de Educação, o descumprimento do artigo da lei do FUNDEF que previa o cálculo do valor mínimo nacional e, portanto, a fragilidade da proposta do FUNDEB (a proposta de emenda constitucional do PT que pretende sanar os problemas do FUNDEF), que irá exigir muito mais recursos do governo federal, a continuação da redução dos recursos vinculados à Educação por meio da prorrogação da Desvinculação da Receita da União até 2007, a proposta de emenda constitucional de fim da gratuidade do ensino superior público e, por fim, a proposta do ministro Tarso Genro de oferecer renúncia fiscal a faculdades privadas em troca da cessão de até 25% das vagas que o governo federal destinaria a estudantes carentes.*

Por essa síntese, observamos alguns dilemas, problemas e propostas em andamento no governo Lula. O Plano de Desenvolvimento da Educação (PDE) também foi proposto por ele, com os seguintes eixos:

- *A redefinição da política de financiamento da Educação Básica – Fundeb;*
- *A democratização da gestão escolar;*
- *A formação e valorização dos trabalhadores em Educação – professores e funcionários da escola;*
- *A inclusão educacional – Fundeb – Ampliação do ensino fundamental para nove anos e a política do Livro Didático.*
- *O Plano de Desenvolvimento da Educação (PDE) inclui:*
- *Programa Brasil Alfabetizado;*
- *Plano de Metas Compromisso Todos pela Educação;*
- *Criação de Institutos Federais de Educação, Ciência e Tecnologia (IFETs);*
- *Programa de Expansão e Reestruturação das Universidades Federais.* (Libâneo, 2008, p. 171)

Os propósitos do PDE abrangem problemas centrais e recorrentes na história da educação no Brasil, e que de fato necessitam de um enfrentamento. O desafio é muito grande, em especial se consideradas outras demandas sociais que têm relação direta com a educação, que também são histórica e estruturalmente constituídas.

Apesar disso, no final do século XX e início do XXI identificamos conquistas no campo educacional – lembrando, porém, que não são isentas de contradições e novas demandas. Os dados quantitativos podem proporcionar uma ideia, tanto sobre o porte dos sistemas de ensino no país quanto sobre as conquistas estabelecidas, e evidenciam desafios ainda existentes, que não são poucos nem pequenos.

Tabela 4.4 – Número de estabelecimentos de ensino no Brasil: 1991-2006

NÍVEL/MODALIDADE DE ENSINO	1991	1996	2000	2006
Creche	-	-	20.917	34.679
Pré-escola	57.840	77.740	84.617	107.375
Ensino fundamental	193.681	195.767	181.504	159.016
Exclusivamente 1ª a 4ª série	159.070	155.764	132.758	100.482
Exclusivamente 5ª a 8ª série	4.169	6.848	9.802	12.983
Ensino médio	11.820	15.213	19.456	24.131
Educação especial	-	6.313	6.750	7.049
Educação de jovens e adultos	-	11.879	21.241	46.623
Ensino superior	893	922	1.180	2.281*

Fonte: com base em Inep, 2003, 2007, 2009.

* Referente a 2007.

Tabela 4.5 – Matrícula inicial: Brasil – 1991-2006

NÍVEL/MODALIDADE DE ENSINO	1991	1996	2000	2006
Creche	-	-	916.864	1.427.942
Pré-escola	3.628.285	4.270.376	4.421.332	5.588.153
Ensino fundamental	29.203.724	33.131.270	35.717.948	33.282.663
Exclusivamente 1ª a 4ª série	18.293.176	20.027.240	20.211.506	18.338.600
Exclusivamente 5ª a 8ª série	9.820.003	13.104.030	15.506.442	14.944.063
Ensino médio	3.772.698	5.739.077	8.192.948	8.906.820
Educação especial	-	201.142	300.520	375.488
Educação de jovens e adultos	-	2.752.214	3.410.830	5.616.291
Ensino superior	1.565.056	1.868.529	2.694.245	4.880.381*

Fonte: com base em Inep, 2003, 2007, 2009.

* Referente a 2007.

Nas Tabelas 4.4 e 4.5, fica evidente a expansão do número de estabelecimentos e matrículas nas modalidades e níveis que no início dos anos 1990 permaneciam deficitários em relação à demanda: educação infantil, ensino médio e ensino superior, além da educação especial e da educação de jovens e adultos. Por outro lado, após um ápice em 2000, relativo ao ensino fundamental – 1ª à 8ª série – percebemos um declínio, tanto no número de estabelecimentos quanto no de matrículas. Essa situação ocorre por duas razões principais: a correção no fluxo escolar, com diminuição do número de evasão e repetência, e a diminuição na taxa de natalidade do país, o que vem se configurando como tendência. O aumento de matrículas na educação infantil pode ser explicado, não pelo aumento do número de crianças, mas pelo maior número de vagas oferecidas, ou seja, havia uma demanda reprimida, e nesse momento o Estado busca expandir essa modalidade de ensino para a população em idade correspondente.

> No final do século XX e início do XXI identificamos conquistas no campo educacional – lembrando, porém, que não são isentas de contradições e novas demandas.

Tabela 4.6 – Taxa de analfabetismo das pessoas de 15 anos ou mais: Brasil – 1940-2000

Ano	1940	1950	1960	1970	1980	1991	2000
%	54,50	50,30	39,50	32,94	25,41	20,07	13,63

Fonte: IBGE, 2007.

O aumento no número de estabelecimentos e de matrículas na educação de jovens e adultos, por outro lado, indica a continuidade do esforço em diminuir as taxas de analfabetismo no Brasil, o que vem ocorrendo de forma mais efetiva desde a década de 1960. Uma outra razão para esse aumento também pode ser relacionada à correção do fluxo do ensino fundamental e médio, e à opção de alunos que estão com idade díspar em relação ao ideal para determinada série de terminar os estudos na educação de jovens e adultos.

Em seguida, abordaremos características específicas de algumas modalidades e níveis de ensino, detalhando dados do MEC.

Tabela 4.7 – Educação infantil no Brasil (2006)

Dados: C = Creche/ P = Pré-escola	Total	Dependência administrativa			
		Federal	Estadual	Municipal	Privada
Matrículas C	1.427.942	933	17.582	898.945	510.482
Matrículas P	5.588.153	1.538	225.397	3.921.291	1.439.927
Nº de funções docentes C*	94.038	134	1.301	56.442	36.161
Nº de funções docentes P*	309.881	142	11.164	201.068	97.507

Fonte: Inep, 2007.

No caso da educação infantil, a rede municipal é a principal responsável pelo atendimento, tanto das creches como das pré-escolas, seguida da rede privada. Esse panorama é derivado do processo de descentralização ocorrido pós-LDBEN e a partir do Fundef: os municípios assumiram mais fortemente a educação infantil, inclusive pelos recursos previstos para esse fim. Também podemos observar a significativa diferença do número de vagas em creches e em pré-escolas, indicador de demanda ainda a ser atendida. Em relação aos docentes, 0,73% não possuem ensino fundamental completo, ao passo que 42,93% têm ensino superior. Assim, notamos que a formação de professores ainda é um grande desafio a ser enfrentado na educação infantil.

Tabela 4.8 – Ensino fundamental (EF) no Brasil: 2006

Dados: AI (Anos Iniciais)/ AF (Anos Finais)*	Total	Dependência administrativa			
		Federal	Estadual	Municipal	Privada
Matrículas AI	18.338.600	7.461	4.027.848	12.394.691	1.908.600
Matrículas AF	14.944.063	17.570	7.794.264	5.569.852	1.559.377
Estabelecimentos EF	159.016	41	29.016	110.782	19.177
Nº funções docentes AI	840.185	608	171.303	548.755	119.519
Nº funções docentes AF	865.655	1.683	419.827	304.927	139.218

Fonte: Inep, 2007.

* Anos iniciais: ano inicial + 1ª à 4ª série; anos finais: 5ª à 8ª série.

O ensino fundamental tem características distintas, se observarmos os dados dos anos iniciais (AI) ou dos anos finais (AF). No primeiro caso, a rede municipal é a maior (na educação infantil), e nos AF é a rede estadual. Também esse panorama se configura pós-LDBEN e Fundef, no sentido de que o financiamento da educação para crianças fortalece as redes municipais. Em relação aos AF, observamos que a mesma relação se estabelece com o ensino médio: a rede estadual é a maior responsável. Um dado relevante quanto ao número de professores é que, embora haja mais alunos nos AI, há mais professores nos AF. Em relação à formação dos docentes, 0,2% dos AI e 0,008% dos AF não têm ensino fundamental completo, e 57,7% dos AI e 85,45% dos AF possuem ensino superior. Dessa forma, podemos concluir que, embora ainda deficitário no ensino fundamental, esse desafio é maior nos Anos Iniciais.

Tabela 4.9 – Ensino médio no Brasil: 2006

Dados	Total	Dependência administrativa			
		Federal	Estadual	Municipal	Privada
Matrículas	8.906.820	67.650	7.584.391	186.045	1.068.734
Estabelecimentos	2.413	162	16.078	832	7.059
Nº de funções docentes	519.935	6.530	385.258	11.835	116.312

Fonte: Inep, 2007.

Chama atenção a grande diferença entre o número de matrículas no ensino médio em relação ao número dos AF do ensino fundamental: há uma diferença de 40%, o que pode indicar que um número significativo de estudantes ficará sem vaga no ensino médio. Outro dado é a relação entre matrículas e estabelecimentos:

embora saibamos que a maioria deles não atende exclusivamente ao ensino médio, há mais alunos por estabelecimento na rede estadual que na rede privada. O inverso ocorre quanto ao número de docentes por aluno: há menos docentes por aluno na rede estadual e mais na rede privada. Porém, como o número de docentes não nos possibilita saber a sua carga horária em cada instituição, esse dado fica apenas registrado. Finalmente, em relação à formação desses professores, o problema é menor que no ensino fundamental: 95,4% possuem ensino superior completo.

Tabela 4.10 – Ensino superior no Brasil: 2007

Dados	Total	Dependência administrativa			
		Federal	Estadual	Municipal	Privada
Matrículas	4.880.381	615.542	482.814	142.612	3.693.413
Estabelecimentos	2.281	106	82	61	2.032
Nº de cursos	23.488	3.030	2.943	623	1.892

Fonte: Inep, 2009.

Em relação ao ensino superior, as instituições privadas são as responsáveis por mais de 75% do atendimento. Diversas políticas educacionais, estabelecidas a partir principalmente dos anos 90, contribuíram para a constituição desse panorama, seja pelas autorizações para abertura e funcionamentos de instituições e de cursos, seja por meio de programas de financiamento estudantil. Em especial após a LDBEN de 1996, essas políticas foram incrementadas e expandidas, em função da grande demanda que havia, derivada também da expansão do ensino médio e do argumento de impossibilidade das instituições públicas ampliarem o número de vagas na mesma proporção da demanda histórica e recentemente construída. Em relação aos docentes, de um total de 317.041 em todo o ensino superior, 41,3% são especialistas, 35,7% mestres e 23% doutores, sendo que estes últimos são mais concentrados nas instituições federais e estaduais.

> **pare e pense !**
>
> Observando esses dados amplos sobre a educação no Brasil recente, podemos questionar que o ensino superior, embora com grande aumento do número de vagas, estas não são ofertadas prioritariamente por instituições públicas. Mas, também é possível confirmar que, em relação ao acesso, de fato o número de vagas foi expandido em todas as modalidades e níveis de ensino, diminuindo somente no caso em que houve redução de demanda.

Síntese

Neste capítulo foi apresentado o panorama educacional no século XX e brevemente do início do XXI, evidenciando como nesse contexto foi constituído, de fato, um sistema de ensino organizado e articulado no país. De uma escola mais elitista e excludente, passamos, a partir dos anos 1970, para um maior número de vagas, em especial no ensino fundamental. Com essa expansão, novas demandas e desafios se constituíram, e outras modalidades e níveis de ensino se tornaram mais requisitados pela população. Ao final do século XX, o número de vagas da educação infantil e do ensino médio, embora crescente, ainda é insuficiente.

O mesmo ocorre com o ensino superior, mas nesse caso, a partir dos anos 1990, houve uma política de expansão por meio de diversos programas e incentivos à oferta privada de vagas.

Indicações culturais

Filmes

NÓS QUE AQUI ESTAMOS por vós esperamos. Direção: Marcelo Masagão. Produção: Marcelo Masagão. Brasil: Riofilme, 1998. 73 min.

Filme que reúne arquivos, documentos, trechos de filmes e documentários de época sobre o contexto do século XX.

O ANO em que meus pais saíram de férias. Direção: Cao Hamburger. Produção: Caio Gullane, Cao Hamburger e Fabiano Gullane. Brasil: Buena Vista Internacional, 2006. 110 min.

A história se passa em 1970, no bairro do Bom Retiro, na cidade de São Paulo. Nesse ano, além do arrefecimento da Ditadura Civil-Militar, após o AI-5 (1968), o time brasileiro participava da Copa do Mundo e a economia crescia forte (o milagre econômico). O filme aborda o cotidiano e o olhar de uma criança – em especial – e da população – em geral – naquele contexto.

Sites

IBGE – Instituto Brasileiro de Geografia e Estatística. Disponível em: <http://www.ibge.gov.br>. Acesso em: 12 jan. 2010.

Site em que podem ser encontradas estatísticas gerais sobre o Brasil. Sugerimos a pesquisa de dados históricos no que concerne à educação, relativos ao estado e ao município em que o(a) aluno(a) reside.

Inep – Instituto Nacional de Estudos e Pesquisas Educacionais Anísio Teixeira. Disponível em: <http://www.inep.gov.br>. Acesso em: 3 dez. 2010.

Site com dados educacionais e publicações oficiais do Inep, como documentos, censos e análises dos diversos níveis e modalidades da educação no Brasil. Publicações do Inep disponibilizadas para *download* podem ser encontradas em: <http://www.publicacoes.inep.gov.br/>.

Por exemplo, sugere-se a obra *Sinopse estatística da educação básica: censo escolar 2006*, que traz dados atualizados sobre número de matrículas, de escolas, de turmas e de professores, entre outros. Essa obra está disponível em: <http://www.publicacoes.inep.gov.br/detalhes.asp?pub=4336>.

Ministério da Educação e Cultura: http://www.mec.gov.br.

Site por meio do qual se pode acessar a legislação educacional e materiais de apoio e pedagógicos, entre outros. Uma sugestão é o *link* relativo ao Índice de Desenvolvimento da Educação Básica (Ideb), que aborda informações sobre a qualidade do ensino. Disponível em: <http://portal.mec.gov.br/index.php?option=com_content&view=article&id=180&Itemid=336>.

Projeto Pensar a Educação, Pensar o Brasil (1822-2022): Disponível em: <http://www.portal.fae.ufmg.br/pensareducacao/>. Acesso em: 3 dez. 2010.

Projeto desenvolvido com sede na Faculdade de Educação da Universidade Federal de Minas Gerais, que, entre outras ações, promove seminários relativos ao tema, além de um programa de rádio, que pode ser acessado via internet. Por exemplo, uma sugestão relacionada ao contexto abordado neste capítulo, é a conferência intitulada *Memórias de relíquias nem um pouco acadêmicas: os debates dos anos 1950-1960*, proferida por Marcos Cézar de Freitas em 2007, disponível em: <http://www.portal.fae.ufmg.br/pensareducacao/downloads/textos_confs/conf_mc.pdf>.

Atividades de autoavaliação

1. Sobre a escolarização no Brasil, no governo Getúlio Vargas e no período democrático (de 1930 a 1964), analise a alternativa incorreta:

   a) A organização educacional do período foi configurada, principalmente, pela Reforma Francisco Campos, pela Reforma Gustavo Capanema, e pela primeira Lei de Diretrizes e Bases da Educação Nacional.

   b) O Manifesto dos Pioneiros da Educação Nova foi um balanço sobre os avanços educacionais conquistados pelo país até aquele momento, e uma forma dos intelectuais parabenizarem o governo da época pelos investimentos realizados nessa área.

   c) A preocupação com o desenvolvimento do país e a articulação com a formação para o trabalho foram fortes influências para os rumos da educação nesse período.

   d) A criação do Ministério da Educação e Saúde foi feita no contexto de organização e desenvolvimento de uma estrutura de Estado no Brasil.

2. Sobre o período da Ditadura Civil-Militar (1964-1985), assinale a alternativa incorreta:

   a) As preocupações em relação ao desenvolvimento do país e à segurança nacional refletiram na escola, destacando-se a criação de disciplinas de ênfase cívica.

   b) A Lei nº 5.692/1971, que reorganizava e renomeava o ensino primário e secundário, estabeleceu a obrigatoriedade da formação profissionalizante no 2º grau.

   c) A Lei nº 5.540/1968 foi elaborada sob forte influência de diretrizes estabelecidas pela Escola Superior de Guerra e pelos acordos MEC/Usaid.

d) A Teoria do Capital Humano, por estabelecer diretrizes distintas das prioridades dos militares, exerceu pouca influência em suas proposições para a educação.

3. Sobre o Brasil e a educação brasileira, no final do século XX e início do XXI, assinale a alternativa incorreta:

a) A Constituição de 1988 diminuiu as porcentagens de vinculação orçamentária da União, estados e municípios para a educação.

b) Nos anos 1990 houve um processo de reforma do Estado, que impactou na educação, como por exemplo pela descentralização e pela implantação de sistemas avaliativos para os diferentes níveis de ensino.

c) A Lei nº 9.394 e o Fundef, ambos de 1996, podem ser percebidos como articulados ao contexto político, econômico e social do período.

d) O Plano de Desenvolvimento Educacional tem como um de seus objetivos o incremento da formação de professores.

4. Sobre o panorama quantitativo da educação no Brasil, entre 1991 e 2007, assinale a alternativa incorreta.

a) Ocorre, nesse período, um aumento de número de vagas para a educação infantil, tanto para creches quanto para pré-escolas.

b) No ensino fundamental começou a haver, ao final do período, uma diminuição no número de estabelecimentos e de matrículas.

c) A educação de jovens e adultos, nesse período, teve uma ampliação no número de matrículas, decorrente do aumento da taxa de analfabetos no país.

d) Houve um aumento de mais de 100% no número de estabelecimentos e de matrículas para o ensino superior, entre 1991 e 2007.

5. Leia as afirmativas a seguir, relativas à educação no Brasil. Em seguida, assinale a alternativa incorreta:

a) Atualmente, os municípios são os principais responsáveis pelo atendimento à educação infantil e aos anos iniciais do ensino fundamental.

b) A formação de professores é um desafio presente para toda a educação básica, sendo mais sério nas fases iniciais da educação/escolarização.

c) O ensino médio é o nível de ensino com maior taxa de crescimento na oferta de vagas, entre 1991 e 2006/2007.

d) No ensino superior os professores com título de especialista estão mais concentrados nas instituições privadas de ensino.

Atividades de aprendizagem

Questões para reflexão

1. Observe a função da educação e a responsabilidade do Estado sobre ela, estabelecidas pela Constituição de 1988 e a LDBEN de 1996. Reflita: a norma legal sempre é aplicada na prática? Por quê? Que indícios históricos sobre a educação você pode considerar para justificar sua conclusão? Discuta com a turma.

2. Procure lembrar: Quais dificuldades você encontrou em sua trajetória escolar – vagas, professores (falta ou formação), infraestrutura da escola (condições do prédio, localização, materiais didáticos e de apoio)? Você nota melhoras ou pioras nesse panorama, no local onde mora? A que ou a quem você atribui as permanências ou as mudanças nessa situação?

Reflita e discuta com a turma: O que vocês, como cidadãos e educadores, individual e coletivamente, podem fazer para melhorar a educação no âmbito local?

Atividades aplicadas: prática

1. Pesquise as principais leis que orientaram a configuração da educação no Brasil, no século XX: nº 4.024/1961, nº 5.540/1968, nº 5.692/1971 e nº 9.394/1996[r]. Organize as seguintes informações em um quadro comparativo: A modalidade/nível – educação infantil, ensino fundamental, ensino médio, ensino profissionalizante, ensino superior – aparece? Qual sua finalidade? Quem é responsável? Há recursos? Em seguida, discuta com a turma as principais mudanças e permanências em relação a cada modalidade/nível de ensino.

   [r] Disponíveis na internet, *vide sites* nas referências: Brasil (1961, 1968, 1971 e 1996).

2. Os dados quantitativos apresentados neste capítulo referem-se ao Brasil como um todo, o que não permite identificar distorções regionais ou locais. Pesquise no *site* do Inep e do IBGE quais são as características da educação básica e do ensino superior relativas ao seu estado e/ou seu município, identificando em quais quesitos esse local/região está melhor ou pior que a média brasileira. Discuta com a turma por que há essas diferenças.

Considerações finais

Neste livro, conforme enunciado na apresentação, nosso objetivo foi discutir a constituição histórica da educação no Brasil. Apesar de panorâmica, a apresentação dos capítulos e problemáticas buscou abordar questões consideradas centrais para a compreensão da trajetória, das permanências e mudanças desenvolvidas ao longo do tempo em relação às questões educacionais, com maior ênfase na escolarização.

Embora possamos observar importantes avanços, em especial ocorridos durante o século XX, muitos desafios ainda estão presentes e irão requerer conhecimento, recursos materiais e humanos e empenho da sociedade brasileira, se pretendemos, como coletividade, enfrentá-los e superá-los. Compreendendo como, historicamente, a realidade atual foi construída, com as permanências, as mudanças, as instituições estabelecidas e legitimadas, podemos perceber que cada ação nossa – individual ou coletiva, passiva, omissa ou ativa – implica a concordância com o que está posto (muitas vezes, quando extraído desse olhar histórico, parece natural, no sentido de que "sempre foi assim"). O uso do conhecimento que possuímos, ou que sabemos necessário buscar, é importante para que no presente iniciemos a construção de outro futuro possível. Nesse sentido, não há como ser neutro(a).

Essa percepção é o que chamamos de *consciência histórica*. No caso deste livro, referimo-nos mais atentamente à questão educacional, mas essa lógica faz-se presente em todas as dimensões da vida humana. Esperamos, sinceramente, ter conseguido suscitar um incômodo... pois esse é o princípio de qualquer ação.

Referências

AFONSO, A. J. **Avaliação educacional**: regulação e emancipação. São Paulo: Cortez, 2000.

AZEVEDO, F. de. **A cultura brasileira**. 4. ed. Brasília: Ed. da UnB, 1963.

BASTOS, M. H. C. O ensino monitorial/mútuo no Brasil (1827-1854). In: STEPHANOU, M.; BASTOS, M. H. C. (Org.). **Histórias e memórias da educação no Brasil**. Petrópolis: Vozes, 2006. p. 34-51. vol. II: século XIX.

BLOCH, M. **Apologia da história ou o ofício do historiador**. Rio de Janeiro: J. Zahar, 2001.

BOTO, C. A educação escolar como direito humano de três gerações: identidades e universalismos. **Educação e sociedade**, Campinas, v. 26, n. 92, p. 777-798, out. 2005.

BOURDIEU, P. **Coisas ditas**. São Paulo: Brasiliense, 2004.

____. **A distinção**: crítica social do julgamento. Tradução de Daniela Kern e Guilherme J. F. Teixeira. São Paulo: Edusp; Porto Alegre: Zouk, 2007.

BRASIL. Constituição (1891). **Diário oficial [da] República dos Estados Unidos do Brasil**, Rio de Janeiro, 24 fev. 1891. Disponível em: <http://www.planalto.gov.br/ccivil_03/constituicao/Constituicao91.htm>. Acesso em: 2 dez. 2010.

BRASIL. Constituição (1934). **Diário oficial [da] República dos Estados Unidos do Brasil**, Rio de Janeiro, 16 jul. 1934. Disponível em: <http://www.planalto.gov.br/ccivil_03/constituicao/Constituicao34.htm>. Acesso em: 3 dez. 2010.

____. Constituição (1946). **Diário Oficial [da] República dos Estados Unidos do Brasil**, Rio de Janeiro, 19 set. 1946a. Disponível em: <http://www.planalto.gov.br/ccivil_03/constituicao/Constituicao46.htm>. Acesso em: 3 dez. 2010

____. Lei. n. 785, de 20 de agosto de 1949. **Diário Oficial [da] República dos Estados Unidos do Brasil**, Rio de Janeiro, 30 ago. 1949. Disponível em: <http://www.planalto.gov.br/ccivil_03/Leis/1930-1949/L785.htm>. Acesso em: 2 dez. 2010.

____. Lei n. 4.024, de 20 de dezembro de 1961. **Diário Oficial da União**, Poder Legislativo, Brasília, DF, 14 dez. 1962. Disponível em: <http://www.planalto.gov.br/ccivil_03/Leis/L4024.htm>. Acesso em: 8 nov. 2009.

____. Lei. n. 4.048, de 22 de janeiro de 1942. **Coleção de Leis do Brasil**, Rio de Janeiro, 31 dez. 1942a. Disponível em: <http://www6.senado.gov.br/legislacao/ListaPublicacoes.action?id=29775&tipoDocumento=DEL&tipoTexto=PUB>. Acesso em: 3 dez. 2010.

____. Lei. n. 4.073, de 30 de janeiro de 1942. **Coleção de Leis do Brasil**, Rio de Janeiro, 31 dez. 1942b. Disponível em: <http://www6.senado.gov.br/legislacao/ListaPublicacoes.action?id=38152&tipoDocumento=DEL&tipoTexto=PUB>. Acesso em: 3 dez. 2010.

____. Lei. n. 4.244, de 9 de abril de 1942. **Coleção de Leis do Brasil**, Rio de Janeiro, 31 dez. 1942c. Disponível em: <http://www6.senado.gov.br/legislacao/ListaPublicacoes.action?id=7108&tipoDocumento=DEL&tipoTexto=PUB>. Acesso em: 3 dez. 2010.

____. Lei n. 5.540, de 28 de novembro de 1968. **Diário Oficial da União,** Poder Legislativo, Brasília, DF, 28 nov. 1968. Disponível em: <http://www.planalto.gov.br/ccivil_03/Leis/L5540.htm>. Acesso em: 8 nov. 2009.

____. Lei n. 5.692, de 11 de agosto de 1971. **Diário Oficial da União**, Poder Legislativo, Brasília, DF, 12 ago. 1971. Disponível em: <http://www.planalto.gov.br/ccivil_03/Leis/L5692.htm>. Acesso em: 8 nov. 2009.

____. Lei. n. 6.141, de 28 de dezembro de 1943. **Coleção de Leis do Brasil**, Rio de Janeiro, 31 dez. 1943. Disponível em: <http://www6.senado.gov.br/legislacao/ ListaPublicacoes.action?id=6717&tipoDocumento=DEL&tipoTexto=PUB>. Acesso em: 3 dez. 2010.

BRASIL. Lei. n. 8.529, de 2 de janeiro de 1946. **Diário Oficial [da] República dos Estados Unidos do Brasil**, Rio de Janeiro, 04 jan. 1946b. Disponível em: <http://www6.senado.gov.br/legislacao/ListaPublicacoes.action?id=103937&tipoDocumento=DEL&tipoTexto=PUB>. Acesso em: 3 dez. 2010.

_____. Lei. n. 8.530, de 2 de janeiro de 1946. **Diário Oficial [da] República dos Estados Unidos do Brasil**, Rio de Janeiro, 04 jan. 1946c. Disponível em: <http://www6.senado.gov.br/legislacao/ListaPublicacoes.action?id=103938&tipoDocumento=DEL&tipoTexto=PUB>. Acesso em: 3 dez. 2010.

_____. Lei. n. 8.621, de 10 de janeiro de 1946. **Diário Oficial [da] República dos Estados Unidos do Brasil**, Rio de Janeiro, 12 jan. 1946d. Disponível em: <http://www6.senado.gov.br/legislacao/ListaPublicacoes.action?id=104030&tipoDocumento=DEL&tipoTexto=PUB>. Acesso em: 3 dez. 2010.

_____. Lei. n. 8.622, de 10 de janeiro de 1946. **Diário Oficial [da] República dos Estados Unidos do Brasil**, Rio de Janeiro, 12 jan. 1946e. Disponível em: <http://www6.senado.gov.br/legislacao/ListaPublicacoes.action?id=104031&tipoDocumento=DEL&tipoTexto=PUB>. Acesso em: 3 dez. 2010.

_____. Lei n. 9.394, de 20 de dezembro de 1996. **Diário Oficial da União**, Poder Legislativo, Brasília, DF, 23 dez. 1996. Disponível em: <http://www.planalto.gov.br/ccivil_03/Leis/L9394.htm>. Acesso em: 8 nov. 2009.

_____. Lei. n. 9.613, de 20 de agosto de 1946. **Diário Oficial [da] República dos Estados Unidos do Brasil**, Rio de Janeiro, 23 ago. 1946f. Disponível em: <http://www6.senado.gov.br/legislacao/ListaPublicacoes.action?id=105134&tipoDocumento=DEL&tipoTexto=PUB>. Acesso em: 3 dez. 2010.

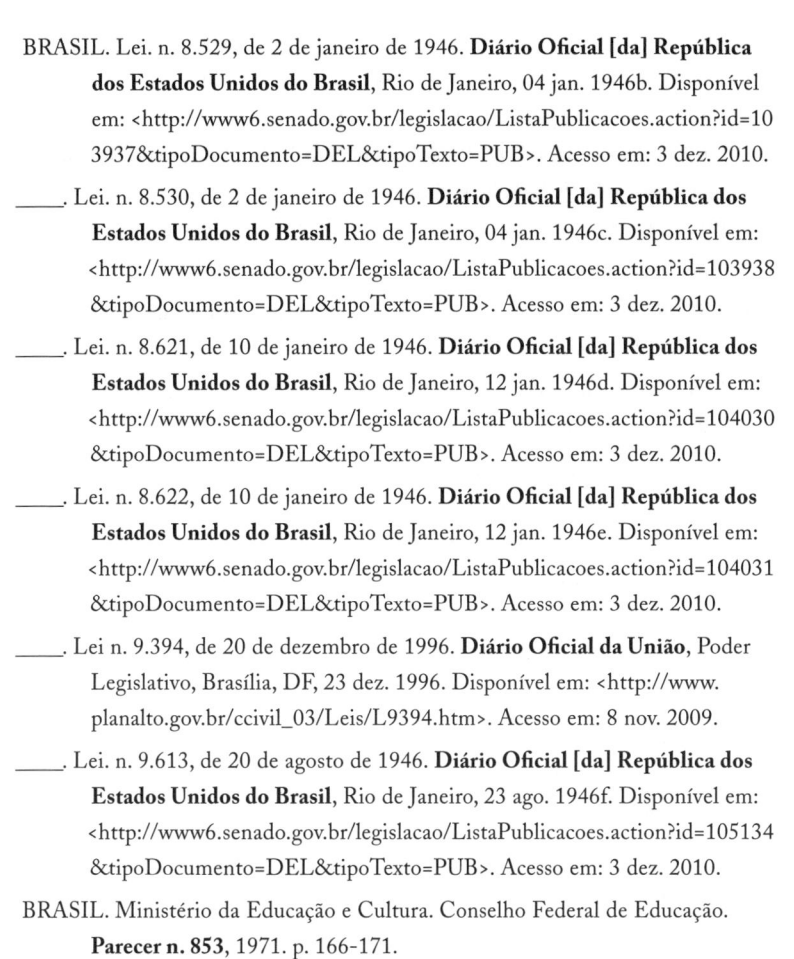

BRASIL. Ministério da Educação e Cultura. Conselho Federal de Educação. **Parecer n. 853**, 1971. p. 166-171.

BURKE, P. **A escrita da história**: novas perspectivas. São Paulo: Unesp, 1992.

CARDOSO, T. F. L. As aulas régias no Brasil. In: STEPHANOU, M.; BASTOS, M. H. C. (Org.). **Histórias e memórias da educação no Brasil**. Petrópolis: Vozes, 2005. p. 179-191. vol. I: séculos XVI-XVIII.

CARVALHO, M. M. C. Reformas da instrução pública. In: LOPES, E. M. T.; FARIA FILHO, L. M.; VEIGA, C. G. (Org.). **500 anos de educação no Brasil**. Belo Horizonte: Autêntica, 2000. p. 225-252.

CATANI, A. M.; CATANI, D. B.; PEREIRA, G. R. M. As apropriações da obra de Pierre Bourdieu no campo educacional brasileiro, através de periódicos da área. **Revista Brasileira de Educação**, n.17, p. 63-85, maio/ago. 2001.

CATANI, D. B.; FARIA FILHO, L. M. Um lugar de produção e a produção de um lugar: história e historiografia da educação brasileira nos anos de 1980 e 1990 – a produção divulgada no GT História da Educação. In: GONDRA, J. G. (Org.). **Pesquisa em história da educação no Brasil**. Rio de Janeiro: DP&A, 2005. p. 85-110.

CERTEAU, M. **A invenção do cotidiano**. Petrópolis: Vozes, 1994. vol. 1: Artes de fazer.

CHARTIER, R. O mundo como representação. **Estudos Avançados**, São Paulo, v. 5, n. 11, jan./abr. 1991.

CHERVEL, A. História das disciplinas escolares: reflexões sobre um campo de pesquisa. **Teoria & Educação**, Porto Alegre, n. 2, p. 177-229, 1990.

CHIZZOTTI, A. A Constituinte de 1823 e a educação. In: FÁVERO, O. (Org.) **A educação nas constituintes brasileiras (1823-1988)**. 2. ed. Campinas: Autores Associados, 2001. p. 31-54.

COMENIUS, J. A. **Didática magna**. São Paulo: M. Fontes, 2002.

CUNHA, L. A. Ensino superior e universidade no Brasil. In: LOPES, E. M. T.; FARIA FILHO, L. M.; VEIGA, C. G. (Org.). **500 anos de educação no Brasil**. Belo Horizonte: Autêntica, 2000. p. 151-204.

CURY, C. R. J. A educação e a primeira constituinte republicana. In: FÁVERO, O. (Org.). **A educação nas constituintes brasileiras (1823-1988)**. Campinas: Autores Associados, 2001. p. 69-80.

DAVIES, N. O governo Lula e a educação: a deserção do Estado continua? **Educação & Sociedade**, Campinas, vol. 25, n. 86, p. 245-252, abr. 2004.

DEBERT, G. G. O desenvolvimento econômico acelerado no discurso populista. **Revista Brasileira de Ciências Sociais**, n. 8, s/p, 2004. Disponível em: <www.anpocs.org.br/portal/puclicacoes/rbcs_00_08/rbcs08_04.htm>. Acesso em: 9 nov. 2009.

FARIA FILHO, L. M.; VIDAL, D. G. História da educação no Brasil: a constituição histórica do campo (1880-1970). **Revista Brasileira de História**, São Paulo, v. 23, n. 45, p. 37-70, 2003.

FAUSTO, B. **História do Brasil**. São Paulo: Edusp/FDE, 1999.

FERREIRA JÚNIOR., A. Apresentação. **Em Aberto**, Brasília, v. 21, n. 78, p. 7-10, 2007.

FERREIRA JÚNIOR., A.; BITTAR, M. Casas de bê-á-bá e colégios jesuíticos no Brasil do século 16. **Em Aberto**, Brasília, v. 21, n. 78, p. 33-58, 2007.

FIORI, J. L. Ajuste, transição e governabilidade: o enigma brasileiro. In: TAVARES, M. C.; FIORI, J. L. **(Des)ajuste global e modernização conservadora**. Rio de Janeiro: Paz e Terra, 1996. p. 127-193.

FONSECA, T. N. L. História da educação e história cultural. In: VEIGA, C. G. e FONSECA, T. N. L. (Org.). **História e historiografia da educação no Brasil**. Belo Horizonte: Autêntica, 2003. p. 49-76.

FRANCA, L. **O método pedagógico dos jesuítas**. Rio de Janeiro: Agir, 1952.

GONÇALVES, N. G. A relação Estado e educação: uma análise da produção acadêmica brasileira (1971-2000). **Revista Brasileira de Estudos Pedagógicos**, Brasília, v. 86, n. 213/214, p. 21-37, maio/dez. 2005.

____. **Educação:** as falas dos sujeitos sociais. São Paulo: M. Fontes, 2003.

GONÇALVES, S. A. Estado e expansão do ensino superior privado no Brasil: uma análise institucional dos anos de 1990. **Educar**, Curitiba, n. 31, p. 91-111, 2008.

GONDRA, J. G. Paul-Michel Foucault: uma caixa de ferramentas para a história da educação? In: FARIA FILHO, Luciano M. (Org.). **Pensadores sociais e história da educação**. Belo Horizonte: Autêntica, 2005. p. 285-309.

HASENBALG, C. Estatísticas do século XX: educação. In: IBGE – Instituto Brasileiro de Geografia e Estatísica. **Estatísticas do século XX**. Rio de Janeiro: Ministério do Planejamento, Orçamento e Gestão/IBGE, 2006.

HORTA, J. S. B. A educação no Congresso Constituinte de 1966-67. In: FÁVERO, O. (Org.) **A educação nas constituintes brasileiras (1823-1988)**. Campinas: Autores Associados, 2001. p. 201-240.

IBGE – Instituto Brasileiro de Geografia e Estatística. **Censo demográfico de 1960**. Brasília: IBGE, [S.d.]. Disponível em: <http://biblioteca.ibge.gov.br/visualizacao/monografias/GEBIS%20-%20RJ/CD1960/CD_1960_Brasil.pdf>. Acesso em: 30 out. 2009.

____. **Estatísticas do século XX**. Rio de Janeiro: IBGE, 2007. Disponível em: <http://www.ibge.gov.br/series_estatisticas/exibedados.php?idnivel=BR&idserie=ECE303>. Acesso em: 30 out. 2009.

Inep – Instituto Nacional de Estudos e Pesquisas Educacionais Anísio Teixeira. **A educação no Brasil na década de 90**: 1991-2000. Brasília: Inep/MEC, 2003.

____. **Resumo técnico**: censo da educação superior 2007. Brasília: Inep/MEC, 2009.

____. **Sinopse estatística da educação básica**: censo escolar 2006. Brasília: O Instituto, 2007.

JULIA, D. A cultura escolar como objeto histórico. **Revista Brasileira de História da Educação**, n. 1, p. 9-44, 2001.

LE GOFF, J. Documento/monumento. In: **História e memória**. 5. ed. Campinas: Ed. da Unicamp, 2003, p. 525-541.

LIBÂNEO, J. C. Alguns aspectos da política educacional do governo Lula e sua repercussão no funcionamento das escolas. **Revista HISTEDBR On-line**, Campinas, n. 32, p. 168-178, dez. 2008.

MACHADO, M. C. G. O decreto de Leôncio de Carvalho e os pareceres de Rui Barbosa em debate: a criação da escola para o povo no Brasil no século XIX. In: STEPHANOU, M.; BASTOS, M. H. C. (Org.). **Histórias e memórias da educação no Brasil**. Petrópolis: Vozes, 2006. p. 91-103. vol. II: século XIX.

MANACORDA, M. A. **História da educação**: da Antiguidade aos nossos dias. 6. ed. São Paulo: Cortez, 1997.

MARACH, C. B. **Inquietações modernas:** discurso educacional e civilizacional no periódico A Escola (1906-1910). 2007. Dissertação (Mestrado em Educação) – Universidade Federal do Paraná, Curitiba, 2007.

OLIVEIRA, R. P. A educação na Assembleia Constituinte de 1946. In: FÁVERO, O. (Org.). **A educação nas constituintes brasileiras (1823-1988)**. 2. ed. Campinas: Autores Associados, 2001. p. 153-190.

OLIVEIRA, T. Origem e memória das universidades medievais à preservação de uma instituição educacional. **Varia História**, vol. 23, n. 37, p. 113-129, jun. 2007.

PAIVA, J. M. Educação jesuítica no Brasil colonial. In: LOPES, E. M. T.; FARIA FILHO, L. M.; VEIGA, C. G. (Org.). **500 anos de educação no Brasil**. 2ª ed. Belo Horizonte: Autêntica, 2000. p. 43-60.

_____. Igreja e educação no Brasil colonial. In: STEPHANOU, M.; BASTOS, M. H. C. (Org.). **Histórias e memórias da educação no Brasil**. 2. ed. Petrópolis: Vozes, 2005. p. 77-92. vol. I: séculos XVI-XVIII.

PERES, E. Sob(re) o silêncio das fontes... A trajetória de uma pesquisa em história da educação e o tratamento das questões étnico-raciais. **Revista Brasileira de História da Educação**, n. 4, p. 75-102, jul./dez. 2002.

PETITAT, A. **Produção da escola, produção da sociedade**: análise sócio-histórica de alguns momentos decisivos da evolução escolar no ocidente. Porto Alegre: Artes Médicas, 1994.

PINHEIRO, M. F. O público e o privado na educação: um conflito fora de moda? In: FÁVERO, O. (Org.). **A educação nas constituintes brasileiras (1823--1988)**. Campinas: Autores Associados, 2001. p. 255-292.

PYKOSZ, L. C.; VALÉRIO, T. F. **Fundamentos históricos da educação brasileira**. Curitiba: Ibpex, 2008.

RAGAZZINI, D. Para quem e o que testemunham as fontes da história da educação? **Educar**, Curitiba, UFPR, n. 18, p. 13-28, 2001.

ROBALLO, R. O. B. **História da educação e a formação de professoras normalistas**: as noções de Afrânio Peixoto e de Theobaldo Miranda Santos. 2007. Dissertação (Mestrado em Educação) – Universidade Federal do Paraná, Curitiba, 2007.

ROMANELLI, O. O. **História da educação no Brasil**. Petrópolis: Vozes, 1988.

ROUSSO, H. O arquivo ou o indício de uma falta. **Estudos Históricos**, Rio de Janeiro, v. 9, n. 17, p. 85-91, 1996.

SANTOS, J. A. A trajetória da educação profissional. In: LOPES, E. M. T.; FARIA FILHO, L. M.; VEIGA, C. G. (Org.) **500 anos de educação no Brasil**. Belo Horizonte: Autêntica, 2000. p. 205-224.

SILVA, C. S. B.; MACHADO, L. M. (Org.). **Nova LDB**: trajetória para a cidadania? São Paulo: Arte & Ciência, 1998.

SOUZA, R. F. Fotografias escolares: a leitura de imagens na história da escola primária. **Educar**, Curitiba, n. 18, p. 75-101, 2001.

SUCUPIRA, N. O Ato Adicional de 1834 e a descentralização da educação. In: FÁVERO, O. (Org.). **A educação nas constituintes brasileiras (1823-1988)**. 2. ed. Campinas: Autores Associados, 2001. p. 55-68.

TAMBARA, E. Karl Marx: contribuições para a investigação em história da educação no século XXI. In: FARIA FILHO, L. M. (Org.) **Pensadores sociais e história da educação**. Belo Horizonte: Autêntica, 2005. p. 9-26.

THOMPSON, E. P. **A miséria da teoria ou um planetário de erros**. Rio de Janeiro: J. Zahar, 1981.

VALÉRIO, T. F. **A reforma do 2º Grau pela Lei 5.692/71 no Paraná**: representações do processo. 2007. Dissertação (Mestrado em Educação) – Universidade Federal do Paraná, Curitiba, 2007.

VIDAL, D. (Org.). Dossiê arquivos escolares: desafios à prática e à pesquisa em história da educação. **Revista Brasileira de História da Educação/SBHE**, Campinas, n. 10, jul./dez. 2005, p. 71-220. Disponível em: <http://www.sbhe.org.br/novo/rbhe/RBHE10.pdf>. Acesso em: 30 out. 2009.

VECCHIA, A. O ensino secundário no século XIX: instruindo as elites. In: STEPHANOU, M.; BASTOS, M. H. C. (Org.). **Histórias e memórias da educação no Brasil.** 2. ed. Petrópolis: Vozes, 2006. p. 78-90. vol. II: século XIX.

VEIGA, C. G. **História da educação.** São Paulo: Ática, 2007.

VIEIRA, S. L.; FARIAS, I. M. S. **Política educacional no Brasil:** introdução histórica. Brasília: Líber, 2007.

VIÑAO FRAGO, A. Fracasan las reformas educativas? In: SBHE – Sociedade Brasileira de História da Educação (Org.). **Educação no Brasil.** Campinas: Autores Associados, 2001, p. 21-52.

XAVIER, M. E. S. P.; RIBEIRO, M. L. S.; NORONHA, O. M. História da Educação: a escola no Brasil. São Paulo: FTD, 1994.

Bibliografia comentada

BENCOSTTA, M. L. (Org.). **Culturas escolares, saberes e práticas educativas**: itinerários históricos. São Paulo: Cortez, 2007.

Essa obra reúne artigos que abordam diferentes temas e usos de conceitos e fontes no campo da história da educação, como arquitetura, espaço escolar e cultura material, infância, educação e higiene, história do currículo e das disciplinas escolares, possibilitando ao leitor perceber diversas problemáticas e abordagens desse campo de conhecimento.

FARIA FILHO, L. M. (Org.). **Pensadores sociais e história da educação**. Belo Horizonte: Autêntica, 2005.

Os autores discutem possíveis contribuições dos aportes teóricos de diversos pensadores, como Marx, Freud, Elias, entre outros, para o campo da história da educação.

GONÇALVES, N. G. (Org.). Dossiê Estado e Educação no Brasil. **Educar**, Curitiba, n. 31, p. 13-165, 2008. Disponível em: <http://www.scielo.br/scielo.php?script=sci_issuetoc&pid=0104-406020080001&lng=pt&nrm=iso>. Acesso em: 30 out. 2009.

Os artigos do dossiê problematizam a responsabilidade do Estado em relação à educação, a partir de questões como a educação da infância, o ensino médio noturno, a expansão do ensino superior, a atual reforma universitária, entre outros.

LOPES, E. M. T. (Org.). **500 anos de educação no Brasil**. 2. ed. Belo Horizonte: Autêntica, 2000.

São abordados, com perspectiva histórica e panorâmica, diversos âmbitos da questão educacional no Brasil, entre os quais políticas educacionais e a trajetória de diversas modalidades e níveis de ensino.

VIDAL, Diana G (Org.). Dossiê Arquivos Escolares: desafios à prática e à pesquisa em história da educação. **Revista Brasileira de História da Educação/SBHE**. Campinas: Autores Associados, n°10 - Jul./Dez. 2005, p. 71-220. Disponível em: <http://www.sbhe.org.br/novo/rbhe/RBHE10.pdf.> Acesso em: 30 out. 2009.

Os artigos discutem a questão dos arquivos escolares, a partir de várias problematizações, desde iniciativas de organização até as políticas, as possibilidades como fonte para a história da educação no Brasil e em Portugal.

VIDAL, D. G. (Org.). **Grupos escolares**: cultura escolar primária e escolarização da infância no Brasil (1893-1971). Campinas: Mercado de Letras, 2006.

Os autores abordam, a partir do eixo grupos escolares, a educação no período republicano brasileiro até a Lei n° 5.692/1971, momento fundamental na constituição do sistema público de ensino do país.

Respostas

Capítulo 1

Atividades de autoavaliação
1. V, F, V, F.
2. b
3. c
4. d
5. d

Atividades de aprendizagem
Questões para reflexão

1. Deve ser desenvolvida reflexão sobre os mecanismos que contribuem para a manutenção ou mudança de práticas pedagógicas, inclusive o senso comum.

2. Deve ser discutida a provisoriedade e relatividade do conhecimento e da explicação históricos, bem como a possibilidade de novos problemas e questionamentos surgirem futuramente.

Atividades aplicadas: prática

1. Deve-se reconhecer que há um senso comum, social, sobre o que é documento relevante, em geral com duas ênfases principais: registros oficiais (como históricos ou boletins) ou afetivos (como fotografias). Discutir a relação da guarda desses registros com a construção da memória e da identidade, individuais e coletivas.

2. O exercício deve buscar identificar e reconhecer características da produção do conhecimento em história da educação no Brasil apresentadas no capítulo.

Capítulo 2

1. c
2. F, V, F, V.
3. c
4. d
5. b

Atividades de aprendizagem
Questões para reflexão

1. Além de sistematizar relações existentes entre religião e educação no século XVI, fundamentais para a educação no Brasil Colônia, deve-se buscar compreendê-las naquele contexto, superando a tendência ao anacronismo.

2. Deve ser discutida a função da escola, bem como a impossibilidade de que ela seja, enquanto instituição social, neutra em relação a valores ou interesses que permeiam seu contexto, desde o interno ao macro, tanto no passado como no presente.

Atividade aplicada: prática

1. Deve-se reconhecer características da educação/escolarização no Brasil Colônia e na realidade local contemporânea, identificando permanências e mudanças, e refletindo sobre como foram construídas historicamente.

Capítulo 3

1. a
2. F, F, V, V.
3. c
4. a
5. c

Atividades de aprendizagem

Questões para reflexão

1. Deve-se refletir que há muitas permanências na organização do ensino no Brasil, inclusive em relação a dilemas e problemas, como a indefinição da função do ensino médio – propedêutico. Para a vida? Para a cidadania? Para o trabalho? No centro da questão, deve-se atentar que a função de determinada modalidade de ensino sempre está vinculada ao público a que ela atende.

2. Deve-se refletir como, em momentos históricos diferentes, há pressões, compreensões e intenções, relacionadas àquele contexto específico, que implicam diretrizes e políticas, no caso, educacionais, ou seja, elas nunca são neutras.

Atividade aplicada: prática

1. Além de serem observadas características do documento, como o que era necessário organizar para a construção da almejada nação, em moldes republicanos, deve-se ressaltar os conceitos da época, como cidadão (ou cidadania), direitos, e a educação nesse contexto.

Capítulo 4

1. b
2. d
3. a
4. c
5. c

Atividades de aprendizagem

Questões para reflexão

1. Deve-se refletir sobre a distância, em geral, entre a legislação e a realidade concreta, a prática, bem como se o Estado, em geral por meio de políticas e programas, vem buscando desenvolver e proporcionar condições para a efetiva aplicação da norma legal.

2. Deve-se refletir sobre permanências e mudanças ocorridas na escola brasileira, em relação à realidade local, buscando-se relacioná-las às diretrizes legais. Em seguida, discutir quais ações sociais e políticas podem ser desenvolvidas para a melhora desse quadro.

Atividades aplicadas: prática

1. Por meio da comparação entre as leis, deve-se discutir os avanços e as fragilidades existentes ao longo do tempo em relação às diferentes modalidades e níveis de ensino no Brasil.

2. Os dados locais e regionais devem ser problematizados, em relação à média brasileira, e também às características e necessidades específicas da realidade dos alunos.

Sobre a autora

Nadia Gaiofatto Gonçalves possui, pela Universidade Estadual Paulista Júlio de Mesquita Filho – Unesp, licenciatura plena em História (1993), especialização na área de Estado, Sociedade e Educação (1996) e mestrado em História (1999). Pela Universidade de São Paulo – USP, possui doutorado em Educação (2003).

Atualmente, é professora adjunta da Universidade Federal do Paraná – UFPR, onde atua no Departamento de Teoria e Prática de Ensino, nas disciplinas de Metodologia e Prática de Ensino e Estágio Supervisionado de História, nos cursos de Pedagogia e de História. É docente do Programa de Pós-Graduação em Educação da UFPR, na linha de História e Historiografia da Educação, orientadora de mestrado e coordenadora do Centro de Documentação e Pesquisa em História da

Educação – CDPHE. Tem experiência na área de educação e atuou, também como docente, na educação básica.

A ênfase de seu trabalho, atualmente, recai sobre a história da educação, principalmente nos seguintes temas: Estado, políticas educacionais da Ditadura Civil-Militar (em especial, suas reformas educacionais), história das instituições educacionais e arquivos escolares (com projeto em desenvolvimento no Colégio Estadual do Paraná). Desenvolve atividades de extensão relacionadas ao ensino de história e formação de professores. É coordenadora do projeto de criação e implantação do Centro de Memória do Colégio Estadual do Paraná – CEP. Possui diversos artigos e livros publicados.

Os papéis utilizados neste livro, certificados por instituições ambientais competentes, são recicláveis, provenientes de fontes renováveis e, portanto, um meio responsável e natural de informação e conhecimento.

FSC
www.fsc.org
MISTO
Papel produzido a partir de fontes responsáveis
FSC® C074432

Impressão: Maxi Gráfica
Julho / 2020